내 생의 강물

이 호 자

이호자 수필집
내 생의 강물

초판 1쇄 인쇄 | 2025년 7월 15일
초판 1쇄 발행 | 2025년 7월 20일

지은이 | 이 호 자
발행인 | 한 용 순

발행처 | 도서출판 여름
출판등록 | 제380-2025-000027호
주 소 | 경기도 성남시 중원구 희망로 415
전 화 | 010-9945-4155

ⓒ 2025. 이호자, Printed in Korea

정가 15,000원

ISBN 979-11-993431-0-8 03810

* 저자와의 상의하에 인지는 생략합니다.
* 파본 및 잘못된 책은 서점에서 교환해 드립니다.

내 생의 강물

이 호 자

도서출판 **여름**

■ 이호자 수필집에 부쳐

의미성 있는 울림

출판사로부터 이호자 작가의 수필집에 대해 머리글을 써달라는 청탁을 받고 잠시 망설였다. 평론가도 아닌 소설가로서 이런 글을 쓴다는 것이 보기에 따라 우스울 수도 있기 때문이다. 그러나 몇 작품 읽다 보니 인생에 대해 참 진지하고 긍정적인 삶을 살고 있다는 생각에서 호감이 갔고 그것이 이 글을 쓰게 만들었다.

이호자 작가는 칠십을 앞둔 해에 문단에 등단했고 예순을 앞둔 나이에 대학 국어국문과에 입학한 사람이다. 이처럼 젊은 시절은 가정과 자식을 위해 희생하고 노후에 문학을 시작한 늦깎이 작가다.

그러나 대학시절은 향가 '헌화가'를 보고 멋지고 낭만적이라고 감동했고, 고려 때 속요 '가시리 가시리 잇고'를 읊조릴 때는 김소월의 '진달래'를 연상하며 사랑의 감정은 변치 않음을 생각하기도 했다. 이렇듯 문학을 통한 사랑에 대한 감정은 이호자 작가의 삶을 더욱 긍정적으로 만드는 원동력이 된 듯싶다.

우선 남편과의 관계도 애틋한 사랑으로 가득 차 있음을 볼 수 있다. 치매를 앓고 있는 남편이지만 남편은 자신을 꽃으로 피어나게 만든다고 했다. 평소에도 산책을 함께 하며 나눈 감정들과 서로에게

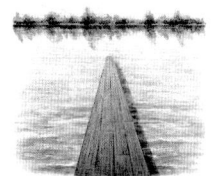

잘하려는 마음이 그런 부부 사이를 만들어 놓고 있음을 알 수 있다.

그리고 자식에 대한 사랑 또한 부부애 못지않게 크다는 점이 작품 편편이에 드러나 있다. 아들이 초등학교 교정에 서 있다는 것이 감동이라고 했고 첫 아들 대학 입학, 첫 손주를 안았을 때의 감동, 이 모두 뜨거운 자식 사랑이자 삶의 희열로 각인되고 있음을 볼 수 있다.

뿐만 아니라 아들 둘, 딸 하나 따라서 며느리, 사위, 손주들이 있는데 이는 이호자 작가의 삶에 원천적인 보람이자 긍정적인 인생길의 동반자 역할을 하고 있다.

자식은 그렇다 치고 며느리에 대한 사랑은 향기를 느낄 정도다. 며느리를 난초의 향기에 비유하는 시어머니의 사랑은 흔히 말하는 고부간의 갈등과는 아주 먼 거리에 있음을 '며느리와 난초' 작품에서 잘 드러내고 있다.

또한 20대가 되는 손주들과 술자리도 하며 삶의 지혜를 나누고 그들의 세계까지 이해하려는 자세는 작가를 떠나서도 긍정적 삶의 자세라고 생각된다. 어찌보면 자연에 순응하는 삶이 아닌가 싶다.

　이렇게 자신의 삶과 가족관계를 원만하게 사랑으로 이끌고 긍정적인 인생 길을 간다는 것은 결코 쉬운 일이 아닌 것이다. 그럼에도 그 누구보다도 아름다운 삶을 영위하는 이호자 작가의 인생길을 귀감으로 삼고 싶어진다.
　뿐만 아니라 자연에 대한 감성의 세계도 폭이 넓고 특유의 감성이 묻어나며 그것이 진솔함으로 귀결되고 있다.
　결국, 이런 삶을 살고 있으나 이호자 작가는 자신을 성찰하는 깊이가 깊어 스스로 알았던, 몰랐던 지은 죄가 많은 것이라 생각하고 기도 시간에 "예수님 죄송합니다. 그리고 감사합니다."라고 기도한다고 했다. 작품 '속죄의 밤'에서 고백하고 있음이다.
　수필은 자신을 고백하는 문학이기도 하다. 이런 맥락에서 볼 때 이호자 수필집으로 모처럼 고백을 들어 보았고 그 고백이 감동적이며 의미성 있는 울림을 주고 있다는 생각이다. 무엇보다도 인생을 알차게 가꾸며 살아가고 있음에 갈채를 보내고 싶다.
　끝으로 이호자 작가의 살아온 인생을 정리한 본 수필집이 많은 사람들에게 읽혀지고 공감대가 형성되길 바라며 출간을 축하드린다.

CONTENTS

수필집에 부쳐 _ 의미성 있는 울림 · 5

제1부 그리움의 싹

목련꽃 · 12
아름다운 5월 · 14
나의 인생 4막은? · 16
6월의 찔레꽃 · 19
그래, 물러나자 · 21
가발 · 23
가을, 야채장 풍경 · 26
가족사진을 보면서 · 30
가짜 반지 · 33
개양귀비꽃 · 36
검단산 친구들 · 39
곗날, 소확행 · 41
고창 다녀온 후기 · 43
그리움의 싹 · 46
기적 같은 삶 · 48
김해(금관가야) 다녀온 후기 · 51
깜장 병아리 · 55
나의 봄날 · 58
'난 역시 엄마 딸이야 · 60
남편밖에 없다 · 63
남편 제사 · 66
남편의 49재 · 69
남편의 잔소리, 화투판 · 72

CONTENTS

유장하게 흐른 내 생의 강물이 붉은 노을 내려앉다 · 75
내가 가장 잘한 일 · 79
논 그리고 농부 · 82
눈 오는 날 연리목 · 85
눈 오는 날의 향수 · 88
늙은 삶도 괜찮다 · 90
가을, 만년 소녀의 꿈 · 92

제2부 행복한 겨울

님아, 그 물을 건너지 마오 · 96
달맞이꽃 · 99
달을 보고 울지 않으련다 · 101
돌 · 103
동심초 · 106
자식 자랑 · 109
행복한 겨울 · 112
며느리와 난초 · 114
무소의 뿔처럼 혼자서 가라 · 117
한강 · 119
보람 있는 일 · 122
얼마나 좋을까 · 124
봄비 1 · 127
봄비 2 · 129
봄비 3 · 132
영화, 슬픔은 그대 가슴에 · 134
봄을 부르는 삼대 모녀 · 137

CONTENTS

봉숭아 꽃물 · 140
노 부부의 하루 · 142
비 오는 날 엄마 생각 · 144
산곡천 · 147
딸기값 3만원 · 149
별이 된 동백꽃 · 151
새해 첫날 · 153
12월은 속죄의 밤 · 156
신록 · 158
애고, 어쩌면 좋아 · 161
억새 · 164

제3부 엄마와 장미꽃

손가락 반찬 · 168
언어 통장 · 170
겨울의 꽃, 얼음꽃 · 172
엄마도 여자인 것을 · 175
엄마와 장미꽃 · 178
엄마의 인내로 핀 꽃들 · 181
연회색 재킷 · 184
오월은 통곡의 달 · 186
온전한 내 생활 · 189
응가가 키워낸 풀꽃 · 192
하루를 살아도 무량수 · 195
작은 숙녀 · 197
작은 영광 · 200

CONTENTS

장마철 역사책을 읽다가 · 203
차경 · 207
청보리밭의 노래 · 210
콜라병 여인과 남편 · 212
추석의 소리 · 215
추억은 아름다워라 · 219
코로나19 때의 생활 · 222
한글 · 225
할머니 남매 · 229
할머니의 이성친구 · 231
함백산 산행기 · 233
나팔꽃 같던 형제 · 236
호박죽 고친 것 · 239
회암사를 가본 후기 · 242
흙에서 얻은 행복 · 245

제1부

그리움의 싹

목련꽃

3월, 비 갠 맑은 아침이다. 조용, 조용, 하얀 목련꽃이 소리 없이 나를 찾아왔다. 그동안 우울한 고독으로 나날을 보낸 목련나무. 며칠 전 내렸던 빗줄기에 바짝 마른 저 늙은 나무가 게걸스레 입을 대고 쭉욱~ 쭉 물을 빨았었다. 그러더니 고즈넉한 햇살 물결이 나무를 휘감더니 한낮에는 종일 나무 중심에 고여 출렁거렸다.

며칠 뒤 양잿물에 삶아 빤 무명천 같은 검소한 절제된 흰빛, 강보에 싸인 새알이 보였다. 알은 하나, 둘, 셋, 넷, 여린 숨결이 느껴졌다. 몇 개의 새알, 꽃봉오리는 2~3일 지나더니 작은 새가 되어 앉았다.

꽃은 나무가 추위에 떨며 미지의 공간으로 날고픈 마음으로 완벽하게 설계된 황홀한 꿈, 먼 곳에 대한 그리움으로 하얀 새가 되어 곧 나래짓할 것 같다. 그러던 어느 날 하얀 새인 꽃봉오리가 하품하다가 '하' 벌어진 입이 그대로 멈췄다. 나무도 세속을 버린 영혼인

꽃은 찬란하고 눈이 부셨다.

　요즘은 날마다 꽃을 보는 재미로 산다. 꽃은 티 하나 없는 순결 그 자체다. 바람이 없어도 저 스스로 흔들림은 번짐으로 나에게 이어져 꿈결 같은 시간을 보내는 내 마음은 작은 희열로 일렁였다. 아마도 내가 정상적인 사람 노릇을 하며 사는 것은 이런 꽃 덕분일 것이다.

　꽃이 활짝 폈다. 생명의 불길이 하얗게 타오른다. 세상에 처음으로 불이 옮겨져 탈 때 아마도 이런 빛일 것이다. 그러나 순백의 빛깔이, 고귀한 삶이 한 사나흘 만에 끝나는 것이다. 찬란한 것들은 단명하다. 우아한 것들은 요절한다. 그러기에 짧은 삶의 긴 여운이 우리 가슴에 남는다.
　더군다나 목련 꽃잎은 도톰하고 질겨 떨어져 길에서 구르면 이 잎이 새나 비둘기 입에서 이리저리 찢겨 나가는 모습을 보여 보기가 민망하다. 그래도 피어서 좋았고 보아서 행복했다.

아름다운 5월

5월이다. 5월은 꽃에서 피워 올리는 생명력으로 우리 가슴을 떨게 한다. 이 꽃들, 초월적인 언어와 향기는 신이 어두운 밤을 도와 고심하며 지어낸 서정시 한 편이다. 하늘, 땅의 융합된 마력의 조각품 아름다운 꽃을 보면 자연의 기막힌 은혜에, 신비의 절절함으로 가슴이 설렌다.

나는 5월 하루를 보내는 과정 중 하나로 아침 일찍 일어나 괴테, '오월의 노래' 시를 읊는다/ 오오, 눈이 부시다 자연의 빛/ 태양은 빛나고 들을 웃는다/ 나뭇가지마다 꽃은 피어나고/ 떨기 숲에서는 새의 지저귐/ 넘쳐 터지는/ 가슴의 기쁨/ 대지여 태양이여 행복이여 환희여//
― 오월의 시 일부

이 시를 큰 소리로 낭송하면 내 방에서 영롱한 새소리가 들리고 숱한 예쁜 꽃들, 향긋한 내음 그리고 싱그러운 초록빛 나뭇잎이 춤을 추는 것 같다. 또한, 나도 봄의 생기를 얻어 활력소가 생기는 것 같았다. 5월은 그 자체로 아름답다. 하지만 이 시, 언어로 끌어주고 만져주고 받쳐주니 5월의 꽃은 더욱 찬란하게 빛나는 것이다.

나는 녹음이 우거진 숲 그늘에 놓인 의자에 앉는다. 어쩌면 이것이 나의 가장 즐기는 취미인지도 모른다. 푸르고 푸름 속에 산책길에 두서너 사람들이 담소하며 걷고, 자전거를 타고 신바람 나게 달리고, 반려 개를 데리고 걷는, 까불대는 애들의 손목을 잡은 엄마의 모습이 정겨움으로 다가온다.

이것을 보니 나는 오월의 매 순간순간 시간 가는 것이 아까웠다. 소동파가 지은 글에 '봄밤', 봄밤의 한 시각의 값이 천금이라 했는데 나는 이 아름다운 오월의 하루, 한나절이 천금 값보다 더 나간다고 생각하면 이상할까?

바람이 분다. 바람이 얼굴, 온몸을 보드랍게 나를 감싸 안고 풀고를 반복한다. 이 영롱한 5월은 신이 우리에게 주신 가없는 선물이다. 오월의 날, 때론 비가 와도 흐려도 바람 불어도 좋은 오월을 완전히 갖기 위해 또 예쁜 꽃 시를 외운다. 추운 계절에 이 시를 기억해 큰 소리로 낭송하면 오월이 쨩, 하고 나타날 것이다. 아! 오월은 아름답다.

나의 인생 4막은?

나의 인생 제1막은 아마도 결혼 후 생활일 것이다. 사람(人)도 사람의 씨앗이라고 누가 말한다. '나'라는 씨가 잘 발화되어 태어난 아가는 얼마나 예쁜지 모른다. 새로운 생명을 받을 때마다 신비에 떨며 엄마가 되었다.

초등 1학년의 학부형이 되었다. 내가 다녔던 학교 교정, 학생들 사이에 내 아들이 서 있다는 것이 감동이었다. 30대에 살림하는 재미를 알았고 작은 마당에 매일 울고 웃는 아이들이 꽃이었다. 또한, 커가며 변하는 아이들 모습이 요지경을 돌리는 듯했다. 애들이 상상 외로 엉뚱한 짓을 하는 그날은 밤하늘의 오로라 색채를 보는 듯 신기했다.

40살 겨울, 첫아들이 대학에 입학했다. 내가 대학에 도전했다가 실패했기에 첫아들의 합격 소식으로 내 마음이 더 기뻤다. 하나씩 대학 보낼 때마다 세상을 다 얻은 것 같았다. 49살 첫 손주를 안았다, 할머니가 된 기분은 얼떨떨했다. 2남 1녀에서 얻은 손주 하나씩 품에 안을 때마다 신의 선물로 은혜에 감사했다.

59살, 2막으로 나는 대학을 갔다. 국어국문학과. 배움은 힘들어도 육신의 청량제다. 국어 공부를 열심히 했다. 아픔과 한을 승화시킨 고대 서정시로 '공무도하가'를 읽는 순간 감격했다. 그리고 천년이 넘는 세월 속 할아버지가 위험한 절벽에 핀 꽃을 꺾어 젊고 아름다운 수로 부인에게 바치는 이 향가인 헌화가는 얼마나 멋지고 낭만적인가.

고려 때 속요 '가시리 가시리 잇고'를 읊조릴 때는 자연히 김소월의 시 '진달래꽃'이 연상되었다. 수천 년이 지나도 사랑의 감정은 변하지 않는가 보다. 근대 시를 공부할 때는 근대작가들, 나라를 잃어 자아가 말살된 당시의 지식인들, 그들의 아프고 슬펐던 노래는 내 가슴에 절절히 스며들어 나는 지금도 이상화의 시 '빼앗긴 들에도 봄은 오는가'를 줄줄 외운다.

69살 내 생의 3막. 나는 시인으로 등단했다. 시를 잘 짓지는 못해도 시를 알고부터 하늘을, 나무를 보면서 걷는 것이 즐거웠다. 숲속에 들어가면 빨갛게 된 솔가리가 발효된 흙냄새가 좋았고 꽃그늘에 앉아 남의 시를 읽으며 공상하는 시간이 나를 서서히 익히고 있다는 사실에 마음이 뿌듯했다.

내 인생 4막일까, 마지막일까? 79살로 막 달리는 나는 내 생애의 총결산으로 여태껏 써 왔던 산문을 책을 내기 위해 아침 일찍 컴퓨터에 앉아 글을 쓴다. 글 쓰는 순간 누가 알아주건 안 알아주건 상관없이 글 작업은 행복했다. 그리고 읽고 고치고 읽고 고치고 하니 내 노후에 고독, 외로움을 느낄 새가 없다. 글 쓰는 작업은 노후에 우울한 너울을 걷어내는 마취제 역할을 하고도 남는다.

6월의 찔레꽃

　6월. 날씨는 물고기 비늘처럼 빛난다. 나는 작약꽃, 수국꽃이 피어 있는 예쁜 세상을 걷는다. 숲속, 흙이 부드럽다. 한참을 걸으니 소녀 같은 감성이 넘쳐 곤궁한 마음에도 초여름의 싱그러움이 밀려든다.

　초록 숲 사이로 활짝 핀 찔레꽃이 수줍은 듯 아리잠잠하다. 찔레꽃의 흰빛은 화사하게 빛나는 보석 빛깔보다는 양잿물에 삶아 물에 헹군 후 빛에 바래고 또 바랜 소박한 은백색이다, 무명천 빛깔에 가깝다. 이 소박한 색은 엄마의 빛깔이요 조선의 빛깔이다. 꽃향기도 은은해 우리 민족 정서에 잘 맞는 꽃이다.

　더군다나 찔레꽃은 보릿고개에 아이들이 흔하게 꽃순을 꺾어 먹었다. 그리고 먹거리가 흔하지 않은 시골에서는 찔레 덩굴의 굵은 대를 꺾어다가 데친 후 쌈을 싸거나 초고추장에 찍어 먹었다. 그러면 찔레꽃 향기가 코끝에 은근히 스며드는 좋은 먹거리 노릇을 한 봄의 반찬이 되는 친근한, 추억의 꽃이기도 하다.

찔레꽃은 슬픈 전설이 있다. 원나라가 고려를 지배할 때 나라에서는 어린 처녀들을 강제로 원나라로 보냈다. 그때 찔레와 달래라는 자매가 있었는데 찔레만 원나라에 끌려갔다. 찔레는 다행히 좋은 주인을 만나 수년 후 고향에 올 수 있었다.

그러나 고향의 오두막집은 무너지고 잡초만 무성했다. 찔레는 온 천지를 다니며 달래를 찾았으나 흔적이 없었다. 그 후 산발한 머리털의 미친 여자인 찔레가 돌무더기에 죽어 있었다. 그래서 양지바른 곳에 묻어 주었는데 그 자리에 하얀 꽃이 피었다. 사람들은 이 꽃을 찔레꽃이라고 불렀다. 그래서 찔레는 일부러 심지도 않고 담장 안에도 심지 않는다. 특히 양지바른 돌무더기에서 저절로 잘 자란다고 한다.

이 전설은 우리 민족의 애환이 서린 꽃이라 그런지 지금도 우린 찔레꽃이라는 노래를 즐겨 부른다. 나는 아련하게 떠 오르는, 어릴 때 노래가 생각난다.

    엄마 일 가는 길에 하얀 찔레꽃/ 찔레꽃 하얀 잎은 맛도 좋지/ 배고픈 날 가만히 따먹었다오/ 엄마, 엄마 부르며 따먹었다오//
    밤 깊어 까만데 엄마 혼자서/ 하얀 발목 바쁘게 내게 오시네/ 밤마다 보는 꿈, 하얀 엄마 꿈/ 산등성이 너머 흔들리는 꿈//

나는 이 노래를 부르며 한없이 펼쳐진 하늘을 본다. 오늘 밤에 꾸는 꿈은 푸른 초록 세상을 유영하면서 노래 가사처럼 산등성이 너머로 흔들리는 찔레꽃 꿈, 찔레꽃 같은 하얀 얼굴의 엄마 꿈을 꿀 것 같다.

그래, 물러나자

　명절날, 자식들에게 좋은 곳으로 여행을 가서 즐기라고 했다. 대신 명절 앞둔 일요일, 남편의 차례를 위해 자손이 모두 봉안당에서 모였다. 나는 애들을 보자마자 어머나, 애들이 내 자손이란 말인가. 손주들은 안 보는 동안 웬 키가 이리 컸나, 나는 하나씩 안았다.

　약소하게 차린 상 앞에서 애들이 순서대로 술을 올리고 절을 한다. 차례가 끝나자 애들은 술을 조금 마시고 과일과 전으로 입가심을 한다. 나는 "오늘 식사는 간장게장. 내가 한턱낸다." 애들이 이 소리를 듣고 "와아!" 하며 좋다고 한다.

　간장게장은 우리 집 식구가 좋아하는 특별메뉴다. 예전에는 내가 늘 게장을 담갔는데 지금은 식당의 게장으로 만족한다. 나는 애들과 모처럼 만나 화기애애하게 웃으며 즐기는데 시간이 좀 지나자 내 마음이 거북하다. 모처럼 모인 청춘들끼리만 즐기라 하고 나는 빠지고 싶었다. 여태껏 내가 주인공으로 살아온 지 수십 년이 되었으니 이제는 뒤로 물러나야 한다는 생각이 들었다.

 나는 애들에게 중요한 볼일이 있어 먼저 간다고 일어섰다. 물론 아들 며느리 손주들이 더 같이 있자고 야단이다. 하지만 나는 일단 일어섰다. 그리고 너희가 준 용돈으로 택시 타고 간다고 했다. 딸이 눈치를 채고 나에게 안쓰러운 눈길을 주었다. 나는 딸에게 괜찮다고 미소를 지었다.

 음식값을 계산하고, 손주들에게 용돈을 팍팍 주었다. 길은 9월이 넘었어도 뜨겁다. 나는 혼자 길을 걸으며 다시 한번 되뇐다. 그래 이렇게 물러나는 거야. 적당한 때에 물러나는 것은 현명한 처사지. 나는 버스를 기다리며 마음을 스스로 다독인다. 마음이 담담하다. 추석날 되면 나 혼자 영감에게 술잔을 올리며 여보, 나 잘했죠, 하고 자랑할 것이다.

가발

　남편이 간 뒤 몇 달을 울고만 살았다. 그렇게 지내던 중 딸이 찾아왔다. "엄마 이젠 그만 일어나." "엄마, 엄마는 이제 나머지 인생을 혼자 살아야 해. 용기를 가져." 하면서 원피스 두 벌을 갖고 와 나에게 입혔다.

　딸은 늙은 어미에게 옷을 입혀 놓고 이리저리 살피더니 "역시 엄마는 날씬해서 예쁘다." 그리고 동네 행정복지센터에서 운영하는 취미반에서 시니어 사교춤 배우는, 몇 개월 치를 끊었다며 표를 준다. 그리고 "엄마, 이제 운동 삼아 댄스도 하고 친구 모임도 가져. 그리고 좋은 할배 있으면 사귀어 봐." "커피도 마시고 식사도 같이 하면 더 좋고 영화 구경도 해." "물론 엄마가 무조건 사. 할배가 사기를 바라지 말고." 하며 귀에 속삭였다.

　나는 눈물을 훔치고 동사무소로 댄스를 배우러 갔다. 그렇게 몇 개월이 지났다. 그런데 정말 댄스를 같이 배우는 남자와 커피를 마시게 됐다. 남자 나이가 나보다 7살이나 적다. 나는 나중에 그 사람이 실망할 것 같아 미리 내 나이부터 알려줬다. 그리고 속으로 내 생전에 남편 외 다른 남자를 만나는 것이 오늘이 처음이고 마지막이다, 하고 미리 맘을 먹었다.

남자는 인물도 괜찮고 세련되고 예의도 바른데 문제는 나다. 내가 나이가 너무 많은 것이다. 나는 사귀어 간간이 커피 정도는 하고 싶은데 늙은 할머니인 나를, 생각만 해도 부끄러웠다. 나이가 원수야 하면서 마음을 접었는데 남자가 괜찮다고 다 알고 있다고 시시한 60대보다 낫다고 위로를 한다.

그 남자는 홍익대 출신의 화가였고 난 날라리로 국문학을 전공했으니 두 사람 다 감성적이다. 그리고 둘 다 서울 토박이다. 둘은 서울의 옛 정취를 이야기하다가 어린 시절, 음식 이야기로 들어간다. 그중 궤짝으로 명태를 사서 알을 꺼내 심심하게 절여(명란젓) 살짝 말렸다가 참기름에 찍어 먹던 그 맛, 그 맛에 공감이 가 둘은 손뼉을 치며 그 시절을 그리워했다.

두 시간 정도 커피로 끝내고 둑 아래 냇가를 걷는데 호랑이 꼬리 같은 식물의 털 하나하나가 햇살에 화사한 여러 가지 빛깔로 빛을 내며 흔들리니 그 사람은 "저 풀 좀 보세요, 정말 아름다워요." 한다. 나도 "정말로 좋아요." 하며 공감을 표했다.

두 번째 전화 왔을 때 나는 "이 나이에 한참 연하인 남자한테서 나오라는 전화를 받다니. 이건 행운이야." 말했다. 내 얼굴은 약간 상기된 상태로 정말 오랜만에 얼굴에 생기가 돌았다. 그런데 거울을 보니 머리가 영 아니다. 난 급히 집에 있는 가발을 손질해 머리에 얹었다.

분명 내 눈엔 괜찮았다. 그런데 마주 앉은 그 남자의 눈길이 자꾸 내 머리를 보고 있다. 가발 얹은 나도 그렇지만 그 남자, 아무리 예리한 눈과 감각을 가졌어도 모른 척하면 얼마나 좋았을까. 그러나 그 남자가 입을 열었다. "가발 썼어요? 안 그래도 예쁘세요." 했다. 우와! 이 부끄러움. 이 창피함. 나는 대화를 나누는 둥 마는 둥 얼른 일어났다. 나는 그 길로 일어나 가발을 버렸다. 이 가발 사건은 어쭙잖게 늙은이가 남자에게 예쁘게 보이려다 망신을 당했으니 내가 너무 추접스러워 그 남자, 댄스, 다 그만두었다.

그리고 다시 인문학 강의를 들으러 다녔다. 마음이 지극히 편안하다. 가발 사건은 내 품격의 실추 사건으로 기억되어 다시는 이런 만남은 없을 것이다. 그러면서도 마음 한쪽이 서운한 것은 왜일까?

가을, 야채장 풍경

　서울 중구 왕십리 중앙시장에는 가을 김장철을 맞아 무, 배추의 장이 선다. 시장 에는 새벽 4시 전부터 무, 배추를 가득 실은 트럭이 '빵빵'거리며 물밀 듯이 밀고 들어온다. 그리고 '오라이, 오라이' 하는 소리와 무, 배추를 나르는 하차반* 식구들을 잠에서 깨우는 호라기 소리가 요란하다.

　하차반 식구들은 차에서 가게까지 나란히 줄을 서 배추 한 포기씩을 손으로 전달해 가게에 쌓으며 하나요, 둘이요 수를 센다. 이렇게 수백 개 세는 동안 하차반의 식구들 목소리는 어느새 아리랑 고개를 넘듯 구성지다. 나이 20대의 그들은 6.25사변을 겪었다. 그들은 고향을 등지거나 부모님을 잃어 나름대로 서글픔이 몸에서 배어 이런 음률이 나왔는지도 모른다.

　차가 떠나고 산같이 쌓인 쓰레기 더미에 아주머니들이 성한 무 배춧잎을 줍느라 또 야단들이다. 이 배춧잎은 해장국집에 팔면 쏠

쏠한 수입이 된다. 다음에 북새통을 이루는 집은 해장국집이다. 아침 해장을 하기 위한 농사꾼, 지금의 잠실 아파트 원주민들이다.

당시에 해장국은 참으로 먹을 만했다. 원래 소고기가 맛있던 시절이라 살이 너덜너덜 붙은 소뼈를 넣고 밤새도록 곤 국물에 배춧잎 무, 시래기 넣고 또 흐드러지게 삶은 해장국이다. 선지를 한 입 물면 입안 가득히 번지는 맛있는 소고기 국물 맛은 지금 어디를 가도 맛을 볼 수가 없다.

나는 간간이 해장국 파는 곳을 들렸다. 이 집의 여자 주인은 나 어렸을 때 같은 동네에서 살고 있었다. 그 여자는 삼복더위 때 저녁이면 부채를 들고 동네 한 바퀴를 산책하는데 늘 깔끔한 한산 모시옷을 입고 쪽을 찐 머리에는 옥비녀를 꽂았었다. 나는 이 여인을 보면 '어찌 저리 고울까' 하고 한참 서서 넋을 잃을 정도였다. 그랬던 여인이 당시에 해장국집을 운영했다. 그 여인은 짧은 파마머리에 몸빼바지를 입었어도 미소는 여전히 고왔다.

김장철이 지난 쓸쓸한 늦가을이다. 오후엔 손수레에 무, 배추를 파는 중년의 아주머니나 아저씨들이 저녁 장을 기다리고 있었다. 어느 날은 장사하는 아저씨, 아주머니는 막걸리가 든 양은 양재기를 하나씩 들고 걸쭉한 소리로 노래를 주고받는다. 술이 어느 정도 오르자 두 분은 팔도 올리고 다리도 들썩하면서 노래하며 고달픈 하루를 풀어내는 것이다. 그 노래는 바로 판소리였다.

나는 판소리 하면 노래하는 도중 소리꾼이 구경꾼과 대화, 농담하며 손짓, 발짓하는 아니리, 발림, 너름새라는 우리말이 예쁘다.

또 오랜 세월 숙련된 득음의 목소리를 곰삭았다고 표현하는 것도 정겹고 얼쑤, 잘한다, 조오타! 라는 소리의 추임새, 고수의 북소리도 우리 모두를 흥겹게 해주어 나 나름대로 이 판소리를 우리나라의 고급문화라 생각한다. 지금 시장바닥인 장소도 소리꾼도 초라하지만 그래도 한과 슬픔으로 얼룩진 우리 삶을 흥으로 승화시킨 아주 멋들어진 우리나라 오페라인 이 판소리를 잊을 수 없다.

김장철이 끝났다. 주위는 쓸쓸하다. 다만 하차반 식구들이 가을에 번 돈으로 새 양복을 사 입고 때 빼고 광을 내어 아가씨들 사귀느라 분주하다. 늦은 아침, 이 청춘들은 환한 얼굴로 뜨거운 밤 보낸 것을 주위 사람들에게 자랑했다.

다음 해 봄이다. 북적이는 시장에 20살이나 될까 말까한 어린 여인이 등에 아가를 업고 나타났다. 이 여인은 하차반이 묵는 숙소에 매일 찾아와 아가의 아빠를 찾는다. 우리가 다 아는 아가 아빠는 아주 잘 생겼다. 여인은 매일 찾아오고 아가 아빠는 매일 숨는다. 아가를 업은 여인은 시장에 계속 왔다. 한번은 나이든 여인의 울부짖는 소리가 들렸다. 아가 엄마의 친정엄마가 아가 아빠의 멱살을 잡고 장바닥에 쓰러져 몸부림친다. 내 딸을 어떻게 하냐고 울부짖는다. 옆에는 애송이 엄마도 울고 잔등에 업힌 아가도 운다. 주위 사람들은 어쩌면 좋나, 하며 혀를 찰 뿐이다. 그렇게 끈질기게 쫓아다니다 지친 여인은 붉게 타는 저녁노을 속으로 들어간다. 50년 전 이야기다.

세월은 스쳐 지나가는 바람이다. 그 많던 농부들, 장사꾼들, 해장국집 여인, 판소리를 하던 아저씨와 아주머니도 바람이 되었을 것이다. 젊은 청춘들, 예쁜 얼굴에 눈물 흔적이 남았을 어린 아가 엄마도 나이가 거의 70살쯤. 그리고 엄마 등에서 앙앙 울던 아가도 이제는 장년 나이가 되었을 것이다. 그들은 그 옛날, 서울 중앙시장의 가을 김장철을 생각하며 서글펐던 희미한 옛사랑의 추억을 쓰디쓴 커피잔에 풀어 향을 즐기고 있을 것이다.

50, 60년이 넘는 지난 김장철 시장, 굴곡진 삶들의 애환은 호수의 물결 사이로 흔들리는 달빛처럼 아름다운 환상으로 지금도 내 가슴에 가을 소나타의 잔잔한 울림으로 남아있다.

* 하차반 : 무, 배추를 차에서 내려 가게에 쌓던 20여 명의 청년들이 모여 합숙했던 식구들을 하차반이라 불렀다.

가족사진을 보면서

사람들은 꽃을 좋아하지만/ 그것이 얼마만큼 아픔 끝에/ 피어나는 꽃인 줄은 모른다/ 나도 이 나이가 되어서야 비로서 알았다/ 초봄부터/ 뜰의 철쭉 포기에서/ 꽃망울들이 애처롭게 애처롭게/ 땀나듯 연둣빛 진액을 짜내듯/ 그 지루한 인내를 지켜보고서야/ 비로소 그것을 알게 되었다//

김종길 시인의 '아픔'이다. 나는 이 시가 내 엄마를 염두에 두고 지은 시 같았다. 엄마는 감악산, 좀 떨어진 깊은 산골에서 핀 철쭉 꽃처럼 곱게 자란 아가씨였다. 그리고 서울에서 아버지와 혼인해서 살았다. 일본 강점기 시대를 보냈고 육이오사변을 겪었다. 전쟁 후 엄마와 아버지는 열심히 일했다. 그리고 잠깐이나마 엄마는 가정이라는 뜰에 어린 우리, 예쁜 꽃을 피우며 재미있게 살았다. 그런데 신의 질투로 화초밭에 불을 질렀다. 엄마는 청춘에 남편을 잃었고 큰아들도 사고를 당했다. 졸지에 일어난 일이었다.

생기를 잃은, 씁쓰레한 미소로 고통을 참으며 하루하루를 보내는 엄마는 가엾게도 메마른 나뭇가지, 삭정이 같았다. 바짝 마른 몸이 부러지지 않은 것은, 엄마가 늘 눈물을 흘렸기 때문이다. 그래도 엄마는 선비 집 딸이기에 외할아버지의 학문적인 정신을 이어받아 우리를 다 대학까지 공부시키려 했다. 또한, 우리도 배움의 열기로 가득 찼다. 그러니 온 식구가 가난을 즐기는 마음으로 초라한 생활을 할 수밖에 없었다.

우리는 초라한 생활로 친구들과의 관계를 견뎌냈고 수업료를 제때 못내 선생님의 눈치를 보며 학교생활을 보냈다. 아니 그렇게 견뎌낸 것이 또 있었다. 바로 다 쓰러져 가는 우리 집이다. 비만 오면 무너질까 걱정으로 엄마가 밤을 새웠던 높은 축대, 지붕에 깨진 기와, 금이 가 풀이 돋는 시멘트 마당, 일그러진 대문, 덜컹거리는 부엌문, 방의 벽지, 책상 서랍도 삐걱거리며 드나들었다. 하지만 교육비도 모자라는 형편에 집에 손댈 여력이 없기에 우리 집은 늘 불편하고 구질구질했다. 가장 난감했던 것은 동생 초등학교 시절 담임 선생님의 가정방문이다.

그래도 늘 햇살은 마당에 가득하고 바람은 부드러웠다. 엄마가 눈물로 키운 꽃들로 집안 가득 꽃향기가 흘렀다. 자연이 주는 혜택은 대단해 우리는 해맑게 자라 허공에 무지개를 보며 고운 꿈을 꿀 수 있었다. 당시 우리 남매의 태양은 엄마였기에 엄마 얼굴이 밝지 않으면 우리도 시무룩했고 엄마가 웃으면 같이 해맑게 웃었다. 여동생 남동생은 당시에 엄마 같은 엄마를 두어서 행복하다고 했다. 그리고 어린 시절을 보낸 그 집을 그리워했다.

그렇게 세월이 갔다. 인내는 써도 열매는 달았다. 우리는 모두 학교를 마쳤고 결혼도 다했다. 엄마 집안은 아들딸, 며느리, 사위, 손주들로 집안이 번창했다. 엄마의 두 며느리는 신선하고 의젓했다. 사위들도 성실했다. 손주들이 태어났다. 엄마 가정의 뜰에는 다시 꽃피기 시작했다. 울고 웃는 아이들, 가족의 웃음소리가 하늘거리는 꽃의 몸짓이었다. 엄마가 척박한 환경에서 피워 낸 꽃이기에 뜰의 꽃은 유난히 빛났다.

엄마는 큰아들 식구들과 같이 살았다. 당시에는 외식이 드물었기에 엄마의 둘째 아들은 매달 월급날이면 꼭 용돈과 고기와 과일 등을 챙기어 아내, 애들과 함께 본가를 찾는다. 엄마와 함께 두 형제 식구들은 평화로운 화목한 저녁을 즐겼다. 그리고 간간이 우리 부부와 내 애들. 그리고 내 여동생 부부도 자주 함께해 잔치를 치르는 것 같았다. 지금 생각해도 제일 아름다운 시간이었다. 그 후 엄마가 갔다.

나는 꿈결같이 흘러간 세월, 사진 속 식구들을 보며 시인의 글처럼 엄마가 꽃피운 꽃, '땀나듯 연둣빛 진액을 짜올려 애처롭게 애처롭게 피운 철쭉꽃'이라는 시 구절을 생각했다. 그리고 나는 엄마의 아픔과 설움의 세월이 보이는 온 가족 식구들 사진 위에 눈물을 떨군다. 그리고 조용히 엄마를 불러본다. 엄마! 엄마! 보고파요, 엄마! 사랑해요.

가짜 반지

　내 고등학교 시절, 엄마가 한동안 생계를 위해 저녁이면 집에 없었다. 나는 학교에서 집에 도착하자마자 부엌부터 들어갔다. 나는 쌀을 씻기 전 한 움큼의 쌀을 덜어 부뚜막 위 큰 가마솥에 넣었다. 날마다 그렇게 했다. 그러던 어느 날 엄마가 가마솥을 열어보더니 기절할 정도로 놀랬다. 그 큰 가마솥이 거의 찰 정도로, 눈부신 하얀 쌀이 별빛 같은 숨결을 모으고 있었기 때문이다. 엄마가 묻길래 나는 밥할 때마다 조금씩 모은 것이라고 말했다.

　몇 년 후 나는 결혼한 다음에도 엄마랑 같이 살았다. 엄마는 혼자 살면서 우리 4남매를 공부 가르치느라 어디 여행이라든가 좋은 곳에 간 적이 없었다. 그러니 변변한 옷도 없었다. 그 때에도 알뜰한 내 성정은 엄마를 위해 유감없이 발휘했다. 아마도 내 생전 제일 착한 마음으로 살았던 때였을 것이다.

　나는 반찬 비용에서 조금씩 떼어낸 돈을 여러 번 한복 파는 아주머니에게 드렸다. 그렇게 모은 돈으로 엄마 한복을 장만했다. 그리고 또 조무래기 돈을 모아 두루마기도 맞췄고, 어깨와 목에 덮는 털목도리도 해 드렸다. 당시에 나는 오로지 엄마를 위한 엄마만 생각하고 사는 착한 딸이었다.

딸의 선한 마음으로 엄마는 바깥나들이 옷이 장만 됐다. 그런데 엄마는 손에 들 것이 없었다. 나는 맘 먹고 당시에 쌀 한 가마 정도의 값인 예쁜 구슬백을 샀다. 엄마가 주위 분들 경조사, 또는 점잖은 자리에 가실 때는 으레 내가 해준 옷, 목도리, 백을 들고 외출을 하셨다. 원래 뒤태가 고운 엄마가 내 정성으로 만든 옷, 백을 들고 나가는 모습을 보고 나는 우리 엄마는 너무 고운 분이라고 칭송하며 좋아했다.

그러던 어느 날 엄마가 외출하는데 왠지 뭔가 빈 듯한 허전한 것을 느꼈다. 엄마 손가락이 비었다. 나는 엄마가 외출할 때마다 엄마 손을 보았다. 그래. 어떻게 해서든지 반지를 해 드려야지 생각했지만 맘뿐이었다. 나는 하루 시장에 가서 반지를 보았다. 너무 비쌌다. 하지만 해 드리고 싶었다. 나는 우선 가짜 반지를 해 드리고 나중에 형편이 피면 진짜 반지로 바꾸어야지 하고 생각했다.

가짜 남색 빛깔의 반지는 진짜보다 더 예쁘고 고급스러웠다. 엄마는 내가 사준 반지가 가짜인 줄도 모르고 손에 꼭 맞는다고 좋아하셨다. 나는 당장은 엄마 속이는 것이 미안했지만 엄마가 좋아하니 다행이다 싶었다. 그런데 탈이 났다. 엄마가 반지 자랑을 하다 아는 지인이 가짜라고 엄마에게 알려준 것이다. 그런데도 엄마는 반지가 예뻐 좋다고 만지는 것이다. 나중에 알아보니 엄마가 반지가 가짜인 것을 알고 있다는 말을 나에게 하지 말라고 주위 사람들에게 부탁했다고 한다.

그 얘기를 듣자마자 나는 황망한, 미안한 마음에 얼른 무리해서 진짜 분홍 루비 보석반지를 샀다. 나는 엄마에게 진짜 반지를 드리며 가짜 반지를 달라고 하니 엄마는 말한다. 난 그 어느 진짜보다 이 가짜가 정말 좋다고, 진짜는 너나 가지라고 끝까지 고집을 피웠다.

엄마 가신 지 한참이나 됐지만 지금도 내 서랍엔 가짜 반지가 진짜 반지 속에서 빛을 발하고 있다. 나는 엄마, 엄마를 속여서 미안해요, 하면서 하늘을 보았다. 푸른 하늘에 엄마가 환한 미소를 짓는 것 같았다.

개양귀비꽃

　나는 화창한 날씨 녹음이 우거진 숲 그늘, 의자에 앉아 있다. 주위에는 화사하게 핀 개양귀비꽃 몇 송이가 눈에 띈다. 나는 무슨 꽃이든 여기저기서 꽃잔치를 하는, 무리 지어 핀 꽃 범벅을 보는 것보다 한두 송이 피어있는 꽃이 더 아름답게 느껴진다.

　여린 꽃잎이 하늘거리는 개양귀비꽃을 보면 철없는 계집애가 울다 웃는 요변스러운 마음을 보는 것 같다. 내가 어렸을 때 '무찌르자 오랑캐 몇 백만이냐' 하는 동요를 부르며 고무줄놀이를 했다. 땅에서 뛰면 빨강 노랑 치마가 하얀 허벅지를 휘감고 풀릴 때마다 치마는 바람에 살랑거리는 개양귀비꽃이 되는 것이다. 우리가 고무줄놀이하면 개양귀비 꽃이 피고 지곤 했다. 서정주 시인도 시, 개양귀비꽃에서

　　　'~하나하나가 조카딸 년들의 웃음판이/
　　　~세상에 타고난 기쁨을 찬란히 터트리는 몸뚱아리~//

'세상에 타고난 기쁨을 찬란히 터트리는 몸뚱아리'라 표현했다.

동네 작은 음식점이 있다. 그 주인 남자가 가게 문 앞에 해마다 개양귀비꽃 몇 송이를 피웠다. 나는 꽃도 구경할 겸 그 집에 간 적이 있었다. 그랬더니 그 음식점 주인 부인이 예뻤다. 나이도 어린 부인이 정말 양귀비꽃 같았다. 이 젊은 부인이 미소를 지으면 음식점이 환했다. 남편은 곤궁한 생활을 하면서도 가게 안팎에 양귀비꽃을 보며 만족하게 사는 것 같았다.

나는 이 부인을 보자 생각나는 여인이 있었다. 소설 초한지에 나오는 고즈넉한, 우희라는 여인이었다. 항우의 애첩인데 항우는 이 여인을 좋아해 늘 전쟁터에 같이 있었다. 항우가 한나라 유방을 맞아 '해하'에서 최후의 결전을 치르던 날, 항우는 유방에게 패할 것을 알고 우희와 술을 한 잔 마시며 시를 읊었다. 그 시가 '해하가(垓下歌)'다.

> 힘은 산을 뽑고, 기개는 세상을 덮을 만하건만/
> 시운이 불리하니 추(馬)도 나아가지 않는구나/
> 추마저 나아가지 않으니 난 어찌해야 하는가/
> 우희여, 우희여! 그대를 어찌하면 좋은가//

천하장사 항우가 이 시를 지으니 우희는 항우의 탈출을 도우려고 자결했다. 그 후 죽은 우희 무덤 위에 꽃이 피었는데 그 꽃 이름이 개양귀비꽃이란다.

이우희의 이야기는 '패왕별희' 경극으로, 그리고 우리가 재미있게 본 중국 영화 '패왕별희'다. 또한, 차이나타운(인천)의 벽화 거리에서 51번째 그림 패왕별희는 쓰러진 우희를 항우가 무릎에 안은 모습을 애절하게 묘사했는데 이는 미켈란젤로의 피에타를 떠올리게 한단다. 그림의 좌, 상단에 '해하가'의 가사도 있다.

나는 개양귀비꽃과 우미인을, 울부짖는 항우를 생각하며 그들 이야기인 패왕별희 영화를 몇 번이나 봤는데도 또다시 본다. 그리고 이번에 인천 여행을 꿈꾼다. 이 꽃으로 인해 1000년도 넘는 세월 속 생사를 가늠할 수 없는 격전지에서 영웅이 지은 가슴 절절한 시를 감상하고, 그리고 우희를 그린 그림도 보려고 한다. 몇 년 전 먹어봤던 차이나타운의 자장면도 먹어볼 예정이다.

검단산 친구들

두물머리 팔당호의 수분이 많아 검단산 운해는 보기가 쉽단다.

검단산을 오른다.

경기도 하남시에 있는 검단산. 백제의 동명성왕 제단이 있는 성스러운 산. 검단 선사가 살았다는 검단산. 흙이 검어 검단산이라는 이름을 가진 산. 바로 곁에 융융히 흐르는 아리수, 한강을 굽어보는 산. 근엄하고 웅장한 남성상이라 누구나 경외하는 산. 늘 푸르름으로 만상의 얼굴을 보여주는 산. 아침이면 산골짜기마다 운해에 잠겨 신비롭고, 저녁이면 능선에 걸친 은빛 구름이 붉게 물들이는 아름다운 산. 내가 늘 보며 가슴에 안고 있는 산. 늘 내가 안겨 있는 검단산이다.

산 정상이 600m가 넘어 나는 밟을 생각도 못하는 산이다. 산의 초입을 오르는데도 힘들어 나는 산을 보고 어부바해 달라고 칭얼댄다. 산길은 계속 내린 비로 모래, 자잘한 자갈들이 빛난다. 주위는 맑은 이슬이 또르르 굴러 산뜻하다. 큰 나무가 없는 대지는 햇살을 마음대로 받을 수 있어 고만고만한 작은 식물들로 진초록이 빼곡히 들어찼다. 잡초의 잎 하나하나 하늘을 향해 흐르는 포물선이 그대로 명품인 묵화 난초다.

나는 푸름에 잠겨 푸름에 갇혀, 푸른 바람을 마시니 몸과 마음이 푸름에 젖는다. 별안간 적막을 깨고 매미 소리가 소나기처럼 퍼붓는다. 좀 있으면 빈 껍질 흔적으로 남을 작은 생명이 살아있다는 힘찬 울림일 것이다. 그 울림 속에는 비 끝난 세상에 머리 내민 어린 찌르레기도 휘파람새 소리도 섞여 있을 것이다.

산자락에 묘지 하나 동그마니 놓여 있다. 주위에 풀이 깔렸고 망초꽃 풀꽃들이 피었으며 나뭇가지에 새들이 날아다닌다. 이 꽃들과 매일 밤 놀고 있는 묘지 속 주인의 해골인, 촉루(髑髏)는 더욱 하얀 빛일 것이다. 산에 머무는 이 순간 내 마음에 조용한 희열로 겨드랑이에 호르르 뽀얀 깃털이 일어난다. 아마 나도 새가 되고 싶은가 보다. 어쩌다 산에 와서 싱그러운 정기만 맡아도 조금씩 자연과 하나가 되는 것 같다.

좀 있으니 바람이 산의 내 흔적을 안고 날아간다. 내 주머니가 불룩하다. 주머니를 한 번 만지니 어구 시끄러워라. 매미 소리 휘파람새 소리가 마구 튀어나온다. 산 친구들이 내 사는 곳까지 쫓아와서 시끌벅적하다. 들꽃, 나뭇잎의 향기가 손끝에 묻어난다. 신선한 하루였다.

곗날, 소확행

딸한테서 전화가 온다. 엄마 1시에 모시러 갈게요. 같은 지역에 사는 나, 여동생 그리고 딸 셋이서 계를 한다. 한 달에 한 번 모여 10만 원씩 내서 모아 돌아가며 태워주고 계 탄 사람이 맛있는 곳을 찾아 한턱낸다. 분위기 좋은 곳을 찾아다니며 차도 마신다.

셋이 모이면 신바람이 나지만 나는 딸의 잔소리도 듣는다. 오늘도 딸의 잔소리가 시작된다. "엄마 오늘 탄 돈 꼭 다 써요. 돈 아끼지 말고 머리 비싼 데 가서 하세요." "스커트, 가방이 안 어울려요." 딸 잔소리에 나는 "알았다, 알았어." 딸이 전에는 명품가방도 사주고 고급 옷도 잘 사주더니 요즘은 잔소리만 한다. 여동생도 잔소리를 곧잘 거들었다.

수시로 셋이 만나는데도 언제나 이야기가 풍성하다. 어릴 때 같이 지내던 이야기로 시작해 현재까지 수십 년 살아온, 서로 다 아는 이야기지만 늘 하며 늘 들어도 즐겁다. 그리고 서로들의 문제를 기탄없이 말하고 서로의 충고를 듣는다. 나에게는 더할 나위 없는 소중한 여동생, 딸이다.

식후 셋이 시원한 한강 물에 눈길을 주며 커피를 마시는데 동생하고 딸, 둘이 작은 소리로 뭐라고 한다. 동생이 눈이 약간 처졌다고 한다. 딸이 점을 빼려고 하니 성형외과에 같이 가자고 속삭인다. 나는 귀가 번쩍 띄었다. 나는 "얘들아 나도 눈이 처지고 볼도 처지고 점도 빼야 해. 너희는 내 얼굴 안 보이니?" "너희 갈 때 나도 데리고 가." 동생과 딸이 웃으며 "알았어요."

커피를 마신 후에는 늘 마트나 백화점에 간다. 나는 과일을 사서 나눠주기도 하고 얻기도 한다. 집으로 오는 길에 혼자 중얼댄다. 내가 늙지 말아야 얘들하고 오래 데이트를 할 텐데. 그러자 동생과 딸이 듣고 깔깔 웃는다. "언니 늙지 말아요. 엄마 늙지 말아요."

저녁에 나는 동생과 딸이 사준 곤드레밥에 된장을 얹어 비벼 먹는다. 그리고 삼십만 원을 어디다 쓸까? 석 달에 한 번 하는 행복한 고민이다. 그리고 동생, 딸 목소리가 귓전에 맴을 돈다. "언니, 지난 세월 돌아보지 마. 지금만 생각해요." "엄마 곁에는 항상 우리가 있어요." 동기간(同氣間), 자식들 덕분에 혼자 살아도 외롭지 않다. 다음 곗(契)날, 날짜가 언제인가 달력을 들춰 본다.

고창 다녀온 후기

 고창을 간다. 고창은 구석기, 신석기시대를 지나 초기국가엔 마한 모로비루국으로 역사가 깊다. 흐린 날씨로 마음이 차분히 가라앉는다. 차창 밖에 산이 안개가 덮여 흰 연기가 날린다. 차는 어느새 정읍에서 전주를 지났다. 고창에 가까울수록 논이 많다. 야트막한 산의 고운 능선이 논과 농가를 품고 있어 한눈에 봐도 목가적이다. 고창은 이렇게 따뜻하고 풍요로운, 천혜의 혜택으로 백제시대 문화의 꽃을 피웠나 보다.

 그런데 조선 말기에 이 고장에서 삼정문란(三政紊亂)으로 농민들이 반란에 이어 동학란까지 일어났다. 동학란은 대단하다. 그것은 민중 가슴에 '나'라는 주체사상을 심어준 혁신적인 운동이었기 때문이다. 나는 당시 동학란의 주동자 중 한 사람인 전봉준이 생각난다.

 전봉준의 사진은 누가 찍었는지 모르지만 지금도 남아 있다. 비록 몸은 묶였어도 눈빛은 살아 있고 모습은 당당했다. 당시 백성들은 '새야, 새야 녹두꽃에 앉지 마라'는 애틋한 마음의 노래를 불렀고 현재도 안도현의 시를 읽으면 당시 시대적 아픔이 전해진다.

눈 내리는 만경들 떠나가네/ 해진 짚신에 상투 하나 떠가네/
… …/
풀잎들이 북향하여 일제히 성긴 머리를 푸네// (시 일부)

또한 이곳에서 '천도교'도 생겼다. 천도교는 평범한 민중이 만든 우리 민족의 종교다. 유·불·도 사상과 아주 오래전 우리 옛 종교인 토테미즘, 애니미즘이 혼합된 종교로 사람들은 다 하늘을 품고 있으니 귀하고 천한 사람이 따로 없다는 교리를 가진 종교다. 그리고 혼란한 시대에 기독교가 들어와 지주인 주인과 종이 같이 기독교를 믿는데 종이 목사가 되니 주인이 종인 목사한테 순종했단다. 그리고 보면 고창 지역은 빠른 시대감각으로 평등사상인 민주주의 뿌리가 일찍 내린 것 같다.

고창 읍성에 도착했다. 조선시대의 잘 보존된 돌 성곽이다. 읍 안은 조용하다. 나는 읍 안의 낮은 산에 오른다. 산 정상에는 거대한 대나무가 빽빽하게 들어찼다. 그런데 대나무 사이사이에 굵은 소나무가 용트림하며 어울려 잘 자라는 것을 보니 신기하다. 대나무 숲 속에서 하늘을 보니 아주 높은 곳, 대나무 우듬지의 어린잎들이 구름을 희롱하며 논다. 성 밖, 둘레길은 풀이 덮여 파랗다. 사람들이 오르내리며 풀을 밟아 드러난 누런 흙길은 굵은 황토 뱀이 파란 카펫 위를 구불구불 오르는 것 같다. 동화 속 한 장면이다.

선운사다. 주위에 자연경관이 빼어나다. 절의 건물은 전쟁 때 불타 다시 고친 건물들이다. 그리고 보물 중 만세루는 외관상 단순하고 장엄하다. 하지만 내부 공간은 궁한 자료를 사용하여 그 시대의 흐름인 풍속 역사 철학 등 신비의 미, 또 다른 멋을 풍긴다. 위엄이 서린 선운사 건물 뒷산은 동백나무가 가득하다. 그리고 절 주위 바닥은 전부 꽃무릇이다. 꽃무릇이 많은 이유는 꽃 성분이 나무에 좀을 못 슬게 하기 때문이다. 그리고 도솔산 절벽 중간에 도솔암, 마애불이 있다. 이 부처 미륵불에는 동학도들의 활동이 처음 시작된 곳이다.

다음 날 새벽에 나는 절 주위를 둘러본다. 하늘은 파랗고 먼 산은 고즈넉한데 연못엔 물고기 자맥질이 힘차다. 대지는 꽃무릇으로 완전히 새빨갛다. 이슬이 발을 적신다. 밤새 울던 어린 찌르레기 울음소리가 이슬 적셔진 옷자락에 달린다. 이 여행 중의 백미는 아침에 둘러보는 풍광이 될 것 같다.

고창에는 자염도 유명하다. 자염인 소금 가격이 엄청 비싸 선운사도 절에 바친 이 소금 성금으로 지었단다. 그리고 엄청나게 큰 고인돌 무더기가 여기저기 널려 있다. 고대의 전제국가가 일찍 형성되었다는 증거다. 생각하면 생각할수록 문화나 실 생활면에서 명실상부한 고장이다.

마지막으로 들른 곳이 서정주 시문학관이다. 서정주 시인은 시 한 편마다 우리 조상의 한, 애틋한 전설이 어려 있으며 고향의 풀잎마다 하나하나 서정적인 아름다움이 배어있다. 만약 우리나라에서 문학의 노벨상을 받아야 한다면 이 시인일 것 같다. 나는 인물이 많고 우리나라의 민주주의 사상이 일찍 싹튼 지역, 역사의 숨결이 살아 있는 전북 고창에 다녀온 것을 간략하게 적어 보았다.

그리움의 싹

내 아들딸은 친정엄마와 동생들의 지극한 사랑을 받으며 컸다. 말하자면 내 아기를 키운 것은 친정엄마와 동생들이었다.

세월이 좀 지나 여동생이 결혼했고 또 시간이 흘러 내 딸도 결혼했다. 그런데 살다보니 나, 여동생, 딸이 다시 한 지역에 모여 살게 되었다. 아침마다 여동생과 딸이 내 집에 놀러 온다. 동생은 "언니~ 이 서방이 어쩌고저쩌고~." 또 딸이 "엄마 그 인간이 어제도 술 먹고 밤 2시에 들어와 이러쿵저러쿵~." 여인 셋이 모인 내 집은 매일 '하하하 호호호' 배꼽을 잡는다. 내 남편은 입이 빙그레가 되어 커피를 끓인다.

시간이 좀 지나 딸이 직장을 다녔기에 딸이 낳은 내 외손녀를 여동생이 맡아 키워줬다. 그러기에 여동생, 딸 나와의 관계는 혈육이지만 그보다 더 아주 끈끈한 정으로 엮어졌다. 생각해 보면 여동생이 내 외손주를 봐주고 또 이모저모 내 딸의 생활 돌보아 주니 난 딸에게 무늬만 엄마다.

또 세월이 흘렀다. 그런데 정말 우연이었다. 운명처럼 우리 세 여인은 다시 하남시에 모여 살게 되었다. 어느 이른 봄날이다. 나, 여동생, 딸이 하남시 근처에서 점심을 먹고 커피를 마시고 난 후 개천가를 거닐었다. 그런데 어디선가 향기로운 향기에 발들을 멈췄다. 가로수 중 늙은 매화나무 몇 그루가 꽃을 피운 것이다. 으레 고목이 피우는 향기는 오랜 세월을 견뎌냈기에 향이 깊다. 그리고 꽃 피어 있는 시간 중 가장 절정의 시간은 1시간 안이라는데 지금 매화꽃도 그 시간쯤인지 향기를 팡팡 뿜는다.

누가 그랬단다. 모든 생명체는 시간, 공간의 균형이 맞아 자연의 법칙과 조화를 이룬다면 가장 건강하고 평온하다고 한다. 나는 이 말이 무슨 뜻인지 모르지만, 꽃 핀 시간과 공간에 우리 세 여인의 만남도 균형이 잡혀 우리는 행복한 시간을 보낸다고 생각했다.

꽃향기를 즐기는 세 여인이 나누는 대화는 달달했다. 서정적인 주위 분위기에 젖은 여인들은 흙이 품을 여는 소리를 듣는다. 그러나 우리가 보내는 행복한 시간에 이스트가 섞여 가슴이 너무 부풀었는지 즐거워하는 얼굴들이 웬일인지 시무룩하다.

맏딸로 엄마의 삶을 누구보다 많이 알기에 늘 마음을 앓는 나. 아버지라는 소리를 부르지 못하고 큰다고 엄마가 애지중지 키운 여동생. 외할머니의 지극한 사랑 속에서 자란 내 딸. 세 여인은 고통의 삶을 온화하게 끌어안고 눈물을 다독이며 살다 고즈넉한 밤에 사라진 한 여인을 생각한다.

세 여인의 눈자위가 촉촉하다. 봄은 모든 생명체를 솟아나게 하지만 그리움의 싹도 다시 돋게 하나 보다.

기적 같은 삶

　나는 경치 좋은 곳을 많이 찾아다니며 새로운 감각을 깨워 산뜻한 기분을 느끼며 살았으나 이제는 힘이 들어 하남시 덕풍천 걷는 것으로 만족한다.

　오늘도 개천을 끼고 걷는다. 흙에서 윤기가 흐른다. 지구의 솜털, 초록빛 풀이 자라고 어느새 냉이꽃이 하늘거린다. 늦가을에 노숙자 같은 나무들이 햇살을 탁발하며 머나먼 길을 떠났었는데 봄이 되니 말끔해진 청춘으로 제 자리에서 넘치는 힘을 과시한다.

　덕풍천에도 봄은 왔다. 어느 해인가 장마철에 폭우가 쏟아져 물과 함께 흙과 모래와 나무와 풀이 쓸려 갔었다. 물에 둥둥 떠 있던 풀. 뿌리를 드러낼 정도로 쓰러진 나무들은 보기에도 처참했다. 그러나 얼마 뒤 흙과 모래를 의지해 다시 살아났다. 그때 기적 같은 삶을 살았구나, 하고 생각했다. 지금은 아주 작은 섬이 된 이곳에도 봄이 찾아와 푸름이 예뻤다.

매화꽃 향기 흐르고 목련의 우아한 목이 드러냈다. 나뭇가지의 새싹이 서로 자리를 두고 다툰다. 나는 꿈속 세계에 앉아 있다. 바람이 분다. 새잎이 얇아 그 미세한 떨림은 그대로 나에게 전이된다. 늦게 눈을 뜨는 나뭇가지 잎눈, 다슬기처럼 도르르 말려있는 연두색 잎눈이 서서히 열리고 작은 잎이 펼쳐지는 것은 얼마나 신통하고 예쁜지 이런 기적이 있나 하는 경이로움에 빠진다.

어느새 봄은 무르익었다. 나는 몇 걸음을 가다 섰다. 처음 본 광경도 아니다. 하지만 볼 때마다 가슴이 뛴다. 몸통이 굵은 거대한 늙은 벚꽃나무가 죽은 듯이 늘 침묵을 지키며 하늘만 바라보고 있더니 언제 하늘과 내통하여 아기를 잉태했다. 큰 고목나무 허리 아래에 두꺼운 껍질을 뚫고 나온 예쁜 아기가 탯줄을 단 채 하늘거렸다.

어쩐지 하늘이 봄비를 내릴 만큼 내렸는데 얼마 전 추어탕 같은 걸쭉한 비를 또 내리더니 다 이유가 있었다. 예쁜 증손주를 본 하늘이 푸른 얼굴로 시치미를 뚝 떼고 있다. 늙은 나무도 어른 체면이 무색한지 무심한 척하지만 어린 것을 바라보며 흐뭇한 미소를 짓는다.

나는 벚꽃 아가 형제들을 한참 동안 바라보고 있다. 부처님이 어머니 옆구리에서 나왔다고 하면 믿어지나? 예수님이 죽었는데 사흘만에 다시 살았다면 믿을 수 있을까? 이 늙은 나무 옆구리에서 이 어린 것들이 거친 나무 표피를 뚫고 나왔다면 믿을 수 있을까? 아무리 생각해도 모를 일이다.

이 모든 것이 기적 아닌가. 어두운 밤이면 무수히 많은 큰일이 벌어졌을 텐데 아무 일이 없는 듯 다음날 아침 태양이 나를 찾아오고 한없이 얇은 눈꺼풀이 무거운 중력을 들어올려 내가 눈을 뜨는 것도 기적 중에 기적일 것이다. 나는 매일매일 기적 속에 살고 있구나 하는 신비로움으로 또 하루를 보낸다.

김해(금관가야) 다녀온 후기

　김해는 소국으로 금관가야의 중심지였다. 낙랑과 왜 등의 교역 중심지로 532년간 화려한 문화를 꽃 피운, 가야 12개 중 전기 가야 연맹체의 맹주 역할을 했으나 신라에게 멸망했다.

　나는 김해에 도착하자마자 주차장에서 선사시대 고상 가옥 3채를 보았다.
　지붕이 갈대다. 볏짚 같지 않아 수명이 50년 간단다. 근처에 기마상이 있다. 바람이었던 북방 유목민족의 흐름을 느낀다. 나는 구지봉을 올라가는 길옆에 패총을 본다. 바다의 흔적인 조개껍질 하나를 주웠다. 2000년 전 바다를 지금 걷고 있다는 현실이 믿기지 않는다.

　구지봉이다. 수로왕의 탄생설화가 살아있는 곳이며 가락국 천제단도 있다. 또한, 고인돌에는 한석봉의 '龜旨峰石'라는 한석봉의 힘차고 큰 글씨가 보인다. 타조의 알만한 돌이 6개 있다. 이중 첫 번째 깨어나온 사람이 금관가야 시조 수로왕이란다.

한쪽에 우뚝 선 돌 '구지석'은 꼭 남자의 물건 같다. 돌 주위에는 하늘에서 무한정 내리는 서광의 빛으로 따뜻하고 향취 또한 그윽하다. 하늘에서 내려준 알의 설화가 아니라도 정기로 가득 찬 자연으로 인해 한 나라의 왕을 탄생시키고도 남을 만하다.

이 대지에서 하늘의 예언을 듣고 왕 탄생을 위해 9명의 추장이 땅을 두드리고 발을 구르며 구지가를 부르는 모습이 연상된다. 나는 '구지석'에 몸을 기대 본다. 바람은 황세바위와 여의각. 황세 총각과 여의 처녀가 이루지 못한 사랑의 이야기 말해 주는 듯하다. 지금 이곳은 모든 것이 전설이다. 땅도 하늘도 그리고 숲의 나무도. 나 역시 수천 년 전 멈춰진 시간 속에 머물고 있다.

숲 한쪽이 뻥 뚫려 보이는 김해시. 예전엔 바다였단다. 황세와 여의라는 신화 속 연인이 해송의 꽃향기를 맡으며 바닷가를 산책할 때 가슴은 얼마나 설렐까. 나는 아름다운 사랑을 신이 시샘해 비극으로 끝난 젊은 청춘을 생각하며 지금은 나뭇잎들이지만 옛날에는 바닷물이 일렁이는 모습을 상상하며 '상전벽해(桑田碧海)'를 생각했다.

가락국 왕궁 발굴터에서 조심스레 다루는 유물들을 보며 수로왕 능에 도착했다. 정문인 '숭인문' 단청에서 쌍어(雙魚) 문양을 본다. 그런데 무덤에 왕의 유골은 없단다.

다음은 수로왕비 능이다. 인도 아잔타에서 16세 나이로 가락국 왕비가 된 능. 한쪽에 파사석탑이 보인다. 왕비가 인도에서 올 때 바다의 거친 파도를 이 탑이 진정시켰다고 한다. 어린 여인이 타국으로 오는 험난한 여정에 이런 영물 하나쯤은 있었을 것이다. 또 허왕비가 가져왔다는 장군 차도 있다는데 어떤 맛인지 궁금하다.

금관가야박물관이다. 화려한 금관, 세밀하게 조각된 금장식. 그리고 도자기들. 생활용품 등등을 본다. 그중에는 철로 만든 갑옷은 철기문화의 꽃이다. 그리고 패총의 단면은 그대로 역사기록이다. 불에 탄 쌀도 나와 논농사의 흔적을 보였다. 특히 이곳에서 진열된 유골은 유튜브에서 본 흉노족과 똑같이 편두 유골이다. 금관가야국과 흉노족과의 민족성 문화를 본다.

대성동고분박물관이다. 이곳에 발을 들여놓자마자 우리나라 최초의 주술 시 '구지가'를 본다. 구지가는 고대 진수 문학이라는 사실에 가슴이 뛴다. 나무로 만든 배를 보았다. 나무가 물속에서 어찌 1500년의 세월을 견뎌냈을까? 여러 형태의 무덤도 보았다. 순장의 장례문화를 사실대로 재현해 놓아 많은 유골을 보고 역사의 산 증거를 보지만 주위가 으스스해 꿈에 나오면 어쩌나 걱정했다.

대성동고분군인 구릉에서 또 옛날의 공동묘지 곁을 걷는다. 이곳에서 나온 유물들이 박물관을 꽉 채웠다. 그리고 이 유물들로 김해가 금관가야의 옛 터전이라는 것을 알게 해주었다. 공동묘지가 넘어가는 해로 인해 밝고 따뜻해 보인다. 그래서인가 유난히 햇살 꽂히는 곳마다 무덤의 주인공들이 하나씩 둘씩 일어나 우리와 같이 걷고 있는 환상이 든다. 푸른 하늘 아래 시, 공간을 넘어 산 자, 죽은 자가 함께한 숨결로 기분이 묘하다.

숙소다. 우린 가락국에 대해서 김해문화원 교수님의 강의를 듣는다. 강의 내용 중 요즘 이광수라는 젊은 학자가 허황후는 인도 여인이 아니라는 논문을 발표했다고 한다. 역사는 오래 두고 연구하면 할수록 전설 같은 신비가 한 겹씩 벗겨지게 마련이다.

신어산 은하사다. 허 왕비의 오빠인 장유 화상이 지었다는 절, 이 절을 가는 도중 다리에 또 음각된 물고기가 보인다. 하여간 가락국 왕과 왕비, 쌍 물고기 문양은 필연적인 관계인 것 같다. 언어학자 한 분은 가야는 옛 드라비다어로 물고기, 물고기는 가야라고 한다. 지금도 인도의 드라비다족은 한국말과 같은 언어를 쓴단다. 보랏빛으로 빛나는 산의 품에 안긴 절은 목단꽃처럼 화사하다.

이것으로 1박 2일, 잃어버렸던 고대왕국의 흔적을 찾아보았다. 나는 여태껏 본 김해 가야 유물 유적들은 장엄한 낙조 속에 떨어진 눈물, 망국의 한으로 쓰인 서사시 한 편을 읽은 듯한 감성으로 김해를 떠난다. 가슴에 많은 감명을 받은 김해 가야왕국이다.

깜장 병아리

　어린이들이 노랑가방, 노란 유치원복을 입고 담장 아래를 지나간다. 담장엔 개나리꽃이 피었다. 꽃이 활짝 핀 모양은 꼭 아이들이 '삐약' 소리를 낼 때 벌린 입모습이다. 나는 이 아이들을 보며 너무 귀여워 발걸음 멈추고 본다.

　나는 전에 어린이집에서 일할 때 이야기 주제로 '깜장 병아리'를 한 적이 있었다. 내 앞에 아이들 여러 명이 나란히 앉았는데 그중 5살 된 외국인 1명이 있다. 나는 늘 하던 대로 목소리로 구연을 하고 열심히 손짓과 발짓하며 이야기를 했다. 계속된 이야기 내용은 닭이 병아리를 낳았는데 그중 한 마리가 깜장 병아리다.

　엄마 닭은 온갖 정성을 다해 병아리를 키우는데 털이 노란 여러 마리의 병아리들이 털이 까만 병아리를 놀리며 왕따를 시킨다. 그러나 엄마는 한결같이 깜장 병아리를 달래며 귀여워했다. 병아리들이 어느 정도 컸어도 깜장 병아리는 혼자 동떨어져 놀고 있다.

병아리들이 어느 정도 자랐다. 그러던 어느 날 엄마 닭이 있는 곳으로 솔개가 소리 없이 날아온다. 이것을 본 깜장 병아리는 "엄마 피해요." 하고 외쳤다. 엄마 닭과 노랑 병아리들을 모두 도망시킨 뒤 깜장 병아리는 혼자서 솔개와 싸운다. 결국 깜장 병아리는 솔개에 채여 허공으로 멀어져 간다.

엄마 닭이 솔개에 채여 가는 깜장 병아리를 보고 울부짖었다. "아가, 아가, 내 아가!" "깜장 병아리야, 어쩌면 좋으냐. 네가 우리 모두를 살리고 너는 잡혀가는구나." 노랑 병아리들도 울면서 말한다. "깜장 병아리야, 우리가 잘못했어. 왕따를 시키고 놀려서 미안해." 깜장 병아리는 아래를 내려다보며 "엄마 안녕. 노랑 병아리야, 안녕." 나는 이 절정의 대목에서 목소리를 슬프게 내며 이야기를 하는데, 아! 어쩌면 좋아. 듣고 있던 외국인 아이가 우는 것이다. 나는 당황하여 이야기를 멈추고 선생님들도 아이를 달랜다. 딴 아이들도 조심하며 주위 분위기가 숙연해졌다.

다음부터 나는 그 아이부터 찾아 가슴에 품었다. 내가 외국인 어린이를 지극정성으로 살피며 사랑을 표시하자 아이는 확실히 달라졌다. 나를 보면 표정이 환해진 것을 나는 느꼈다. 그렇게 1년이 지났다. 그러나 나는 그 후에도 그 어린이집과 외국인 어린이 그리고 '깜장 병아리'라는 동화를 잊을 수가 없었다. 그리고 우리나라에서 자라나는 외국인 어린이들이 외로워하며 자라는 것을 알고는 딴 어린이집에서도 외국인 어린이들에게 언제나 내 따뜻한 품을 내어 주었다.

지금 개나리꽃이 핀 담장 아래 동요를 부르며 지나가는 어린이들이 있었다. 나는 아이들이 예뻐서 바라보며 동요를 따라 부른다. 나는 그 동요, '봄노래'를 올린다.

나리, 나리 개나리 입에 따다 물고요/ 병아리 떼 쫑쫑쫑 봄나들이 갑니다//
엄마, 엄마 이리와 요것 보셔요/ 병아리 떼 뽕뽕뽕뽕 놀고 간 뒤에/ 미나리 파란 싹이 돋아났어요/ 미나리 파란 싹이 돋아났어요//

엄마, 엄마 여기 좀 바라보셔요/ 노랑나비 호랑나비 춤추는 곳에/ 민들레 예쁜 꽃이 피어났어요/ 민들레 예쁜 꽃이 피어났어요//

우리가 어린이를 보고 이 동요를 듣고 있으면 이보다 더 아름다운 봄 풍경은 없을 것이다. 나는 내 이야기를 즐겨 듣던 어린이들이 잘 자라고 있겠지. 깜장 병아리였던 그 외국인 어린이도 건강하게 잘 크겠지, 하는 마음으로 아이들을 생각한다.

나의 봄날

　보드레한 비취색 하늘이다. 봄의 신록이 손짓하고 낭창낭창 개나리꽃이 춤을 춘다. 다문다문 빨간 명자꽃도 피었다. 덕풍천 뚝은 좌~악 펼쳐진 초록빛 대지 위에 알록달록한 고운 명주실로 꽃을 수놓은 카펫이다. 그 어느 곳을 보아도 세상이 눈부시기에 나는 경쾌한 몸짓으로 걷는다. 흐드러지게 핀 조팝꽃이 어머니가 쟁반 위, 기름에 하얗게 튀겨놓은 들깨 순 같다. 입에 군침이 돈다.

　나는 어느새 검단산 자락에 서 있었다. 산 밑의 봄은 은밀하고 묵직하다. 나는 목련꽃 나무를 본다. 내 생전에 이렇게 크고 거대한 꽃나무를 처음 본다. 나무 나이는 100살이 넘었다 하고 키가 10m, 몸통도 대단하다. 이 목련나무는 산그늘 밑이라 그런가 늦게서야 꽃을 피우고 있었다. 피어난 꽃도 엄청났다. 가지마다 넘치도록 피운 꽃으로 나무는 전체가 둥그런 꽃 덩어리다. 어찌 보면 이 꽃나무는 거대한 해가 떨어져 구르다 멈춘 것 같았다. 내가 딛고 있는 땅이 떨어진 꽃잎이 쌓이고 쌓여 아주 푹신한 흰 꽃 카펫이다.

나는 나무가 이렇게 늙었는데 어떻게 이리도 많은 꽃을 피울 수가 있을까? 내 생각에 검단산 할아버지가 늙었기에 수시로 기침과 재채기할 때마다 튀는 침이 전부 다 꽃이 되었나 보다. 휘황찬란함에 넋이 나간 채 한참을 보니 산자락에 목련꽃 나무는 산할아버지 흰 수염 같았다. 나는 흰 꽃이 닥지닥지 달린 나뭇가지 하나를 잡아당겼더니 수염이 뽑히듯 꽃잎이 우수수 떨어진다. 나는 신령님과 같은 산할아버지께 버릇이 없는 것 같아 얼른 꽃잎을 털며 산에서 내려온다.

며칠 지나자 산, 들은 초록바다 물결이기에 봄의 흥취는 여전하다. 나는 봄을 마음껏 즐겨 가슴에 넘치는 기쁨으로 "봄날이여, 마음에 제비꽃 물드는 나의 봄날이여!"라고 작은 소리로 중얼거린다. 정말로 행복한 나의 봄 나날이다.

난 역시 엄마 딸이야

　명절 가까이 인사차 아는 분을 찾아갔다. 집으로 오는데 영감 차례 지내라고 사과, 배, 감, 고춧가루 등등 잡동사니를 챙겨주신다. 그리고 직접 농사 지은 좋은 쌀 10kg을 주신다.

　나는 몸도 약한데 이것을 어떻게 가져가라고, 싫다고 해도 막무가내로 주신다. 택배를 보내면 되는데 우체국이 너무 멀다. 나는 거리를 계산했다. 지방이라 택시비는 그렇고 얼마 안 되는 지하철까지 노인이 같이 들어 주신단다.

　다행히 지하철에서 환승이 없고 지하철에서 나와 한 30분 거리에 집이니 택시를 이용하던가 걸으면 된다. 나는 등산 가방에 가득. 그리고 쌀을 두 군데로 나누어 들었다. 요즘에 모든 것을 배달시켜 먹는 나에겐 몹시 무거웠다. 그래도. 해보자. 마음먹고 살아야 하는데 주는 것도 못 가져가랴. 어디서 듣던 말이 아련하게 생각났다.

옛날 6·25사변 후 아버지가 징용에 끌려가셨다. 엄마는 동네 사람들을 쫓아서 땔감을 위해 서울 왕십리 시장 목재소에 쌓인 통나무에 나무껍질을 벗기러 가셨다. 그런데 동네 분들은 억척스레 나무껍질을 잘 벗겨 보따리 보따리를 만드는데 작은 몸집에 아들을 업은 엄마는 쩔쩔매기만 했다. 목재소 사장이 보기에 인정상 하도 딱했던지 엄마보고 저리 가서 쉬하고 했단다. 그리고 종업원을 시켜 아귀같이 달려드는 사람들을 쫓고 나무껍질을 벗겨 몇 보따리를 만들어 주며 보관해 놓는다고 나중에 하나씩 가져가라고 한 적이 있었다.

그런데 엄마는 양식도 문제였다. 엄마는 100리가 넘는 시골 외갓집에서 주는 곡식을 바라본다. 그리고 엄마는 감당하기 어려운 짐에 한숨을 쉰다. 그러더니 "애들과 먹고 살아야지 주는 것도 못 가지고 갈까" 하는 소리를 나는 들었다. 연약한 몸에 쌀, 조, 보리, 수수 등 무거운 곡식을 머리에 이고 손에 들고 시외버스를 타고 서울에 도착했다. 당시 신설동이 시외버스 정류장, 그리고 집은 왕십리. 집까지 꽤 되는 거리다. 한참을 걸어야 한다.

그런데 어쩌랴. 비가 내린다. 엄마는 길 중간쯤 짐이 점점 더 무거워 발이 미끄러지니 애써 몸을 지탱하느라 비틀거린다. 난 엄마 뒤에서 발을 동동거리며 "엄마 어떻게 해." 하며 울었다. 엄마가 말을 한다. "울지 마라. 지금 네 아버지는 무슨 고초를 겪고 있는 줄 모르는데." 그 말은 자식과 남편을 지켜내고자 하는 엄마의 몸부림이요 발악이었다. 엄마는 힘들게 집에 도착해 우리 식구는 그 겨울을 견뎌냈다.

나는 별안간 그 생각이 나자 그래 해보자. 주는 것도 못 가져가랴, 하고 짐을 들고 나섰다. 지하철에서 집에까지 짐을 들고 끙끙거리며 왔다. 나는 혼자 아이고. 이 미련 곰퉁이. 얻어 온 것이 돈 얼마나 된다고. 오기 부릴 일이 따로 있지. 지금 어떤 세상인데. 하면서 나 스스로 나무랐다.

하지만 그날 저녁, 파스를 가슴 여기저기 붙이고 다리를 열심히 주무르면서 "엄마 나도 해냈어. 나는 역시 엄마 딸이야." 하며 장한 듯 웃으면서 밤새 엄마를 그리며 울었다. 그 눈물로 그날 어두운 밤은 안개가 짙게 깔리었다.

—2024년 2월 8일 밤에 씀

남편밖에 없다

　오래전 나는 별안간 쓰러진 일이 있었다. 남편은 나를 안고 이 병원 저 병원을 뛰어다녔다. 병명도 모르는 상태로 '이러다 죽는데' 하는 어느 의사의 말을 듣고 남편은 병원 문을 나오다 힘이 빠져 계단에서 쓰러질 뻔했다.

　그래도 천행으로 어느 작은 병원 의사가 소견서를 써주며 급히 큰 병원에 가라고 했다. 나는 큰 병원에서 즉시 수술을 받았다. 링거병을 몇 개 달고 수술실에서 나온 내 얼굴이 불그레한 것을 보고 남편은 살았구나 하고 안도의 숨을 쉬었다.

　몸이 조금 회복되자 어린 내 아이들이 엄마를 부르며 병문안 왔다. 남편은 애들과 해후하는 나를 보고 감격의 눈물을 흘렸다. 그 후 생활을 하다 내가 못되게 굴면 남편은 죽을 걸 살려줬는데 은혜도 모른다고 말했다. 나는 누구를 위해서 살았는데 내가 죽으면 애들하고 어떻게 살았겠느냐고 오히려 큰소리쳤다.

세월이 좀 지났다. 그때도 감기로 시작해서 6개월이 넘도록 무섭게 앓았다. 아무리 병원에 다녀도 좋은 약을 먹어도 소용이 없었다. 몸무게가 40kg 아래로 내려가자 의사가 아닌 남편이 직접 나섰다. 유명하다는 한약방을 찾아 약을 달여 약물을 하루에 4번씩 시간 맞춰 주었다.

몸에 좋다는 약초를 구해 달이고, 생즙도 내서 주느라 꼬박 넉 달을 불 앞을 떠나지 않았던 남편이다. 나는 건강을 회복했다. 당시에 나는 남편에게 고마워 앞으론 남편에게 바락바락 대들지 않고 노후도 내가 열심히 챙길 것이라 마음먹었다.

이제는 부부, 둘 다 늙었다. 그런데 남편이 치매증세를 보인다. 나는 예전에 내가 감기를 앓았을 때 남편이 나한테 하듯 남편을 위해 최선을 다했다. 나는 반찬을 맛있게 만들어 남편이 밥 한술이라도 더 뜰 수 있도록 노력했다. 나는 간단한 여행, 카페 모임, 친구 모임 등등 상대편 양해를 얻어 무조건 남편과 함께했다.

오전에 동네 주위를 흰 머리털 날리며 산책하는 우리 부부는 길섶에 있는 의자에 앉아 주위 경관을 즐겼다. 그리고 늘 가는 카페에서 커피 한 잔씩 마셨다. 오후엔 남편을 태우고 하남시 팔당 주위를 돌았다. 그리고 콩나물국밥을 사 먹었다. 밤이면 남편은 현재는 잊어가도 지난 얘기는 수시로 한다.

남편은 내가 정신을 잃었을 때 나를 안고 다녔던 것을 얘기하며 내 머리를 주먹으로 가볍게 치며 그때 꼭 죽는 것을 살려 준 은혜를 아느냐고 한다. 나는 웃으며 "고마워요, 서방님!" 하며 두 손으로 남편의 얼굴을 감싼다. 그리고 잘 때도 손을 꼭 잡아주며 "좋아요?" 물으면 남편은 "응, 행복해."라고 말했다.

그러던 어느 늦은 밤 딸한테서 전화가 왔다. 아버지가 지금 밖에서 쓰러져 있다고, 모르는 누군가의 연락을 받았단다. 나는 옆을 보니 남편이 없다. 분명히 내 곁에서 잤는데. 딸은 운악산 자락 밑에서 아버지를 모셔왔다. 나는 그곳은 집에서 멀리 떨어진 곳인데 생각하며 이 밤에 왜 나갔냐고 물었다.

남편은 내가 기침을 하는데 그래도 자기가 남편인데 어찌 구경만 하느냐고 기침을 낫게 해주고 싶어 약을 사러 다녔단다. 그날이 일요일이고 너무 늦어 약국이 다 문 닫힌 것을 남편은 모른 것이다. 나는 이 말을 듣고 남편은 평생 오직 나만을 생각하며 사는구나 하는 감사한 마음으로 남편을 안았다. 이 세상에는 평생 나를 극진히 사랑하는 사람은 남편밖에 없다.

남편 제사

남편 제사가 있었다. 애들이 제사 지내고 늦게 갈 때 혹여 차 사고를 염려해 나는 무조건 제사 날짜가 든 전 일요일을 택해 아이들과 함께 봉안당에서 제사를 지냈다.

내가 남편과 결혼한 것은 풋풋한 나이 21살 때다. 그 양반은 마음이 넓고 깊다. 행동도 신중하고 말수도 없다. 좋은 일이 있으면 간간이 입꼬리만 살짝 올라갈 정도다. 그래도 그의 미소로 가족들이 웃었다.

가난한 연인은 서울 왕십리에서 살았기에 즐기는 장소가 늘 뚝섬 한강이었다. 강 건너엔 지금의 잠실이었다. 강물엔 물풀이 무성하게 자랐고 '삐거덕 삐거덕' 노를 젓는 소리와 함께 나룻배가 스르르 지나간다. 퍼지는 물결이 재미있는지 바라보는 두 청춘의 모습은 강과 함께 아름다운 한 폭의 그림이다.

저녁에는 포장마차를 찾았다. 아주머니가 미리 삶아서 재여 놓은 국수를 뜨거운 장국에 토림을 하고 단무지 몇 조각을 얹어 주었다. 가격은 200원인데 불어터진 국수지만 맛이 있었다. 둘이 보낸 하루는 신바람으로 마냥 즐거웠다.

몇 년 후 나는 두 아들을 두었고, 세 번째 또 배가 불렀다. 나는 "여보 딸 낳을까, 아들 낳을까?" 하면 남편은 "이번엔 딸이 좋겠지." 나는 "걱정 말아요. 내가 틀림없이 딸을 낳을 거야." 하며 큰소리쳤다. 정말 예쁜, 피부가 배꽃같이 뽀얀 여자 아기였다. 경이로운, 은빛으로 빛나는 나날들로 꿈결같이 보낸 나의 소중한 지난 세월이었다.

같이 살면서 알콩달콩, 아웅다웅 싸우며 살았던 우리 부부는 그 어느 날 헤어졌다. 그 제사 날짜가 원래 오늘밤이다. 애들은 며칠 전 미리 지냈기에 지금 나는 혼자서 제상을 차리고 또 향을 피웠다. 제사 제 날짜를 찾아 지내니 남편에 대한 내 예의를 다한 것 같아 마음이 개운하다. 사진이나마 남편과 둘이 마주 앉으니 감회가 서린다. 빠르게 흐른 세월이 주마등처럼 스친다.

늦은 밤 향냄새가 가득한 방안은 신전처럼 조용하고 엄숙하다. 촛불의 불꽃은 종묘의 제례 때 추는 '팔일무'처럼 붉게 일렁인다. 젓가락을 울리며 열심히 절을 하고 제를 끝냈다. 저승과 이승 사이지만 한번 맺은 인연은 이렇게 영원한가.

너울너울 하늘나라로 올라가던 남편이 나를 뒤돌아볼 것 같아 나는 하늘을 본다. 선명하지 않지만 바람에 날리는 옷자락일까? 오로라 같이 붉고 푸른 기운이 서린다. 하늘에서 남편이 순한 눈길로 나를 보는 것 같다. 앞으로 눈물 고이는 세월이 오더라도 잘 견디라는 안부를 준다. 그날 밤 나는 추억의 사진들을 꺼내보며 그리움의 밤을 보냈다.

남편의 49재

남편 떠난 지 며칠 전인데, 분명 혼자된 것이 사실인데 항상 옆에 있는 것 같다. 그이가 외출했다가 "여보" 부르는 소리가 실제로 들린다. 잠자리에 부스럭 소리에도 그이인가? 돌아보면 아무도 없다. 그럴 때 나는 "당신은 지금 어디 있는 거야?" 하고 그를 찾는다. 여태껏 모르고 살았던 그이의 자리가 이렇게 생활을 꽉 채웠는지 몰랐다.

나는 49재를 앞두고 오랜만에 덕풍천 둑을 걷는다. 그이가 세상을 떠나기 며칠 전까지 나란히 날리는 벚꽃 잎을 즐겼는데 이제는 혼자구나 하는 생각에 또 눈가가 촉촉하다. 아마도 그이가 가면서 내 몸에 눈물샘을 수없이 파놓고 간 것 같다.
나는 고려, 조선의 이별 시 중 제일이라는 정지상의 '송인' 시를 읊었다.

비 갠 긴 언덕에는 풀빛이 푸른데/

그대를 남포에서 보내며 슬픈 노래 부르네/
대동강 물은 그 언제 다할 것인가/
이별의 눈물 해마다 푸른 물결에 더하는 것을//

나는 덕풍천의 물도 내 눈물로 마르지 않겠구나 생각했다. 하고 많은 사람 중에 그이와 내가 만나 손잡고 높고 낮은 산, 들을 건너서 하늘을 날며 살아온 세월이 50년이 가깝다. 그리고 그는 갔다. 흐르는 물처럼 젊음도 가고 사랑도 갔다.

나는 검단산 중턱에 있는 절에서 남편의 49재를 지내기로 했다. 49재 지내는 날. 샘물에서 맑은 물을 길어 부처님 앞에 놓았다. 부처님 앞에는 제물이 놓였는데 평소 우리가 지내는 차례나 제사상과 비슷했다. 그리고 그 곁에는 돌아간 분 이름이 있다. 극락으로 가시라고 축원하기 위한 이름인 것 같다.

49재가 시작되었다. 몇 분의 스님이 경전을 읊는다. 나는 그이의 혼과도 마지막 이별이라 생각하니 더욱 안타까워 슬프게 흐느낀다. 나를 보고 스님이 그렇게 울고 매달리면 남편의 혼이 어찌 천상으로 가겠느냐고 말한다. 나는 눈물을 줄줄 흘리며 그이를 극락 보내고 싶어 고인의 명복을 빌었다.

긴 무명천을 폭 한가운데를 길게 찢어 남편 가는 길을 훤하게 갈랐다. 자손들이 노자도 드렸다. 다음엔 곱상한 여자 스님이 흰 바탕에 빨간 목단꽃이 수놓인 고운 승복을 입고 나비춤, 승무를 날아갈 듯 춘다. 다음엔 청아한 목소리로 나옹 스님이 지었다는 불교 노래를 한다.

"청산은 나를 보고 말없이 살라 하고
창공은 나를 보고 티 없이 살라 하네."

제가 거의 끝나갈 무렵 밖에는 비가 주룩주룩 내린다. 나는 밖으로 나와 빗물을 손으로 받으며 "여보 당신도 우는 거야?" 하며 말했다. 좀 있으니 비가 그쳤다. 날은 구름이 첩첩이 쌓여 어두웠다. 그러더니 갑자기 바람이 획획 불었다. 두껍던 구름이 후루루 풀린다. 잠깐 사이 검었던 구름 빛깔도 회색, 남보라색에서 서서히 현호색으로 변했다. 그리고 구름이 산산이 흩어져 가볍게 날아간다. 얼마나 빠른지 머무른 흔적도 없다.

나는 드러난 푸른 하늘을 보자 저렇게 빨리 모든 것이 갈 길 가는 것을. 나 슬프다고 남편을 혼일망정 붙잡고 있었구나, 그래 그이를 놓아주자. 그리고 나는 "여보, 나를 잊고 극락세상에 가 잘사세요." 하며 하늘을 향해 마지막 손 인사를 했다. "그래도 나 혼자 우는 것은 막지 마세요. 당신이 없는데 울지 않고 어찌 살겠어요."

남편의 잔소리, 화투판

　세상에! 내가 차 운전을 하는 것은 웃기는 것이다. 나는 아주 심한 길치요 눈치다. 그래도 운전면허는 있어야 할 것 같아 면허를 겨우 땄다. 그런데 더 웃기는 것은 한눈에 모든 것을 파악하는 남편이 신경 예민하다는 핑계로 내 차 옆자리에 자주 앉는다. 간간이 딸이 "엄마 커피 드시러 오세요." 하면 남편은 어느 틈에 먼저 알아듣고 귀신같이 내 옆자리를 차지한다. 그리고는 남편 잔소리가 시작된다. 남편은 입이 무거운데 어찌 차만 타면 잔소리가 그리 많은지 알 수가 없다.

　며칠 전에도 남편과 같이 서울 시내를 갔다가 하남시 쪽으로 오는데 남편의 "앗!" 짧은 외침 소리를 들었다. 난 아차, 했다. 차는 이미 판교 고속도로로 들어가 버렸다. 나는 정신이 번쩍 들어 기름이 얼마 들었나 확인해 보고 빠져나갈 길을 찾느라 정신이 없는데 남편은 이미 시작한 잔소리가 끝이 없었다. 공간감각이 있느니 없느니, 그 머리로 공부는 어찌했느냐는 등등. 나는 모든 말이 다 맞는 것은 사실이라 꿀꺽꿀꺽 참고 듣는다. 그런데 잔소리는 지긋지

굿하게 끝이 안 난다. 나는 적당히 끝낼 것이지 해도 너무했다 싶어 "그만하라고!" 소리를 질렀다.

그리고 고속도로를 벗어나자 난 차를 외진 곳에 대놓고 내리라고 했다. 그러나 남편은 꿈쩍도 안 한다. 하지만 나는 남편이 징그러워 빨리 내리라고 성화를 대니 남편은 조심하고 일찍 들어오라고 신신당부하며 사라졌다. 나는 드디어 잔소리에서 해방되었다. 혼자 달리니 정말 속이 시원했다. 일찍 집에 들어가 봤자 또 미운 남편의 얼굴이니 잠깐이라도 안 보는 것이 상책이라고 생각하고 친구 집으로 갔다.

그곳에 들어가니 화투판이 벌어졌다. 나는 그 놀이도 잘하지 못한다. 그런데 여기는 지금 점 200원이다. 나는 구경만 하고 가려는데 주위에서 해보라고 권한다. 나는 낮에 쓰려다 안 쓴 돈 20만 원이 있다. 그래, 조금만 하고 빠지자 하는 맘으로 결국 판에 들어갔다. 역시 생각대로 잘되지 않았다. 계속 돈이 자꾸 나가 속이 상한다. 그리고 나는 새삼 모든 면에서 무능하고 머리가 나쁘구나 하는 생각에 공연히 슬퍼지기까지 했다.

자리 밑에 돈을 살그머니 세어본다. 10만 원 꺼낸 것이 2만 원 남았다. 돈을 잃다보니 주위가 야속하다. 광 하나 안 팔아 주고 중간에 들어가는 친구가 인색하고 내 위에 앉은 사람이 내가 칠 패를 다 자르니 얄미운 생각이 들었다. 한쪽이 피를 많이 해 놓았으면 다른 한쪽은 나에게 광이나 약 걸이를 밀어주고 '효당'을 칠 것이지 하는 생각에 그 사람이 별안간 못나 보여 평소에 안 하던 욕이 목구멍으로 넘는 것을 느끼고 난 깜짝 놀랐다.

이 돈 몇 푼에 심성이 이렇게 흉해지다니. 나는 12만 원이 나가고 8만 원 남아 그만 일어설까 하다가 원금 생각이 나 다시 앉았다. 마음 한쪽으로는 남편이 맛있는 저녁 사준다며 집에 가자고 달랠 때 같이 들어가지 못한 게 후회되었다. 지금 다시 생각하니 남편 말을 들어 해로운 것이 없는 밉상이 아닌 자상한 남편이라는 마음이 드니 완전 변덕이다. 이제는 일어서려고 해도 약이 너무 올라 도저히 갈 수가 없었다.

이번에 쥔 패는 괜찮아 나는 침을 꼴깍 삼켰다. 패가 술술 풀렸다. 광 3점이 났다. 기회가 왔으니 멈출 수는 없고 원고를 불러 성공, 투고를 불러 고돌이 성공. 그러나 잠깐 멈췄다. 쓰리고를 부르려니 옆자리에 흑싸리 띠 홍싸리 띠 두 장이 나란히 버티고 있어 주위에서 모두 고박을 쓴다고 멈추라고 했다. 난 망설였다. 에잇! 돈 놓고 돈 먹기, 잃기 아니면 따기, 성공 확률은 ⅓, 운에 맡기자. 나는 입술을 꼭 깨물고 다시 고를 불렀다. 옆 사람이 던지는 난초 띠, 화투 한 장에 모든 눈이 쏠렸다. 숨 막히는 순간 나는 잠깐 숨을 멈추고 패를 보다 '후유' 하고 숨을 내쉬었다. 환상의 예술인 쓰리고 성공.

아하, 통쾌하다. 오늘 하루 스트레스가 확 풀렸다. 나 같은 바보도 쓰리 고를 불렀다는 사실. 그리고 성공시켰다는 성취감. 인생살이보다 더 굴곡진 화투 세상이 이렇게 멋있을 수가. 나는 차에서 혼자 소리를 질렀다. "여보, 내가 쓰리 고를 했어." 어느새 밖이 어두워지려 한다. 난 그제야 남편이 얼마나 초조하게 기다릴까 하는 생각에 성급히 차를 몬다. 흰 눈이 날린다. 어느새 남편의 입이 날아와 흰 눈 속에서 춤을 춘다. 조심조심, 천천히, 천천히. 속이 시원해진 난 귀가 순해져 "알았어요, OK, OK." 하며 조심스레 운전대를 잡고 있다.

유장하게 흐른 내 생의 강물이
붉은 노을 내려앉다

나는 나이 오십대 후반부터 할머니 한글강사. 구연동화를 배워 유치원, 어린이집을 드나들며 일했다. 나는 아이들 집중력을 위해 손 유희, 동요를 부른 뒤 구연을 시작한다. 애들은 이야기를 좋아해 나를 기다렸다는 듯 우르르 몰려들어 가방을 들어주며 매달리고 환호성을 질렀다. 수업할 때마다 아이들이 너무 좋아해 나는 내가 전생에 무슨 일을 했기에 이런 복을 받나 하는 생각이 들 정도다.

그리고 한 반에 으레 한두 명은 외국인 아이들이다. 또 한 번은 한 반에 어린이들의 한 부모가 전부 외국인이다. 이 아이들이 여기서 말을 배워 집에서 엄마나 아빠의 말과 글을 가르친다. 그러니 나는 우리 말과 글에 대해 내 임무가 막중하다는 것을 느껴 수업 중 발음과 표준말 맞춤법을 정확하게 하려고 노력했다.

하남으로 이사를 와서 나는 학교 저학년을 상대로 책을 읽어 주는 '은빛 독서 할머니'가 되었다. 이 일을 10년이 넘게 했으니 모르는 선생님 학생이 없다. 이렇게 일하던 중 또 다른 일도 했으니 나는 1~2세 미만의 아가와 아가 엄마에게 책을 나누어 주며 같이 공부하는 '북스타트' 수업이다.

북스다트 수업에서 나는 아주 어린 어린이가 뭘 알까 했는데 서너 페이지 되는 그림책을 보여주며 얘기하니 초롱초롱한 눈동자로 반짝반짝 흥미롭게 듣는다. 그리고 재미있다고 '깔깔'거리며 웃기도 한다. 나는 아가들을 하나씩 안아 준다. 아이의 팔딱이는 심장이 내 심장과 하나 되니 나의 혈관이 확장되어 내 얼굴이 붉은 꽃이다. 이때 수업하던 책 중 '사과가 쿵' 잊을 수가 없다.

나는 책 외 수업으로 봄은 노랑 습자지를 가늘게 잘라 교실과 어린이 머리에 날리며 개나리꽃, 분홍 습자지 자른 것을 한 뭉치로 아이 가슴에 안겨주며 진달래꽃이라고 했다. 여름엔 신문지를 이용해 장마철 빗소리를 들려주었다. 가을엔 은행잎을 깨끗이 씻어 소독한 후 아가와 엄마에게 만지게 해 가을의 색상을 질감으로 가을을 느끼게 했다. 이렇게 늘 아이디어를 내며 일을 하니 모두 좋아해 내 가슴엔 기쁨이 넘쳤다.

그리고 바이러스 코로나 19로 인해 모든 수업이 중단됐다. 그런데 딱 일년만에 나는 다시 꿈틀이반 선생님으로 하남시 천현초등학교로 갔다. 일년 동안 갇혀 있어 내 좁았던 하루가 너른 바다가 되었다. 칙칙했던 아침이 희고 맑았다. 4층인 내 교실은 넓고 깨끗했다. 컴퓨터가 있는 책상에는 햇살이 좌악 비치고 통유리 창문 밖으로 검단산이 한눈에 들어왔다.

　나는 아이에게 봄을 알려주고 싶어 어린 손목을 잡고 교정의 목련꽃을 올려다본다. 아이가, 햇살이, 꽃들이 맑고 아름답다. 내 손 잡고 꽃을 올려다보는 모습은 수채화 같은 풍경이다. 나는 자주 이 행동을 하면서 아이 감성의 폭이 넓어져 장성해서 순한 눈, 순한 언어로 사회생활을 할 것을 기대했다. 아이는 내 마음을 아는지 나를 보고 생글, 나도 미소로 답했다. 요즘 미디어 시대에 절단된 세대 차이가 허물어지는 순간이다.

　나는 생활의 글을 써서 교무부장님께 드렸다. 교장 선생님이 학교에서 미처 미치지 못하는 부분을 선생님이 퍼즐로 맞춰 주셔서 감사하다는 답장이 왔다. 윗분이 나를 인정해 준다는 사실로 나의 자존감이 높아졌다. 그렇게 생활한 지 2년째 되던 해 건강상 이유로 학교를 그만뒀다.

　나는 23년 만에 아이들과의 생활이 완전히 끝났다. 오랜 세월 중천현초등학교 생활은 내가 마지막으로 한 생활이었기에 음, 양으로 돌보아 주셨던 교무부장님, 교감 선생님, 얘들 담임선생님이 생각난다. 너무나 고마우신 분들이다.

　나와 가장 쿵짝이 되어 잘 맞았던 2학년 김엘린도 생각난다. 계단을 올라갈 때도 둘이 궁둥이를 씰룩씰룩하며 웃었던 기억이 마음에 햇살로 꽂혔다. 그리고 나에게 스마트 폰 게임을 잘 알려주며 같이 놀았던 박해루도 생각난다. 이 어린이가 의정부로 이사 갔다고 하며 25년 5월, 지난달 카톡에 '선생님 보고 싶어요.' 나도 '해루야, 얼마나 컸니? 너는 언제나 최고였어. 책 읽는 사람은 언제나 멋지고 훌륭한 사람이 된다고 말했다. 그리고 '항상 책을 읽어라' 하며 늘 하던 칭찬을 카톡으로 전했다.

    나는 옛날, 대학 등록금을 위해 중 3에서부터 아르바이트로 아이들을 가르쳤고 노년에 다시 20년 넘게 아이들과 생활해 늙어서야 끝이 났다. 이제 나의 노후, 유장하게 흐르는 내 생의 강물에 붉은 노을 내려앉아 분명 아름다울 것이다.

내가 가장 잘한 일

나는 살림하면서 딱 두 가지를 모으려고 노력했다. 그것은 책이고 돈이다. 나는 예전에 책을 팔러 다니던 월부 판매원에게 책을 사서 모았다. 당시 '동서출판사'(?)에서 나온 세계대명작전집은 지금 생각해도 대단히 잘 나온 책이었다. 그러나 수십 년 끼고 살던 중 이사 다니느라 어디 잠깐 맡겨 놓았는데 누가 몽땅 가져갔다. 나는 지금도 그 책 잃은 것을 아까워한다. 그래도 그때 책을 읽어 어느 정도 무식은 면했다.

또한 돈을 모으려 애썼다. 세월이 흐르자 나는 애들에게 정도껏 해야 할 일을 했다. 그리고 나로서는 거금이 모였다. 그런데 안도의 한숨을 쉬기 전에 어느 한순간, 그 돈이 날아가 버렸다. 나는 수십 년 동안 어떻게 이 돈을 어떻게 모았는데 하고 생각하니 허망했다. 생각하기에 내가 잃었지만 나는 신이 인색하게 산 나에게 이 돈을 지닐 자격이 없다고 돈을 빼앗아 간 것 같았다. 그런데 뜻밖의 좋은 소식에 내 마음이 환해졌다. 그것은 손자 5명 중 4명이 한 해에 모두 다 대학에 합격했기 때문이다. 다만 막내 손주만 고 3이었다. 나는 이 기쁜 소식에 신은 가져가는 것만 아니고 대신 더 큰 은혜를 주시는구나 하고 오히려 신께 감사를 드렸다.

그렇게 몇 년이 지난 지금 내 눈에는 정말 잘난 손주들이 건강한 성인이 되어 가고 있었다. 나는 아들 손주들을 보며 능력 없는 어미를 할미를 무시하지 않고 대해 주는 것에 만족했다. 그런데 어느 하루 큰아들이 엄청 좋은 말을 했다. "엄마, 손주들 잘 풀린 것이 다 엄마 유전자를 받은 것 같아."라는 말이다. 물론 이 말은 엄마를 위한 듣기 좋은 말이다. 하지만 나는 아들의 이 거짓말이 너무나 좋아 애들에게 즉시 모이라고 했다. 내가 밥을 산다고.

이번에 나는 밥값 외에 나에게는 거금을 들고 나갔다. 손자들이 나의 유전자, 내 아들, 딸 유전자를 닮은 것보다 두 며느리, 사위를 닮은 것을 나는 어렴풋이 느낀다. 그러기에 마음속으로 며느리, 사위에게 감사하는 마음이 있었다. 그리고 사위 며느리보다 더 고마운 분은 사돈댁이다. 사부인이 잘 키워주신 자손 덕분에 내 손주 5명이 아주 반듯하게 커서 사회의 동량(棟樑)감이 될 것 같으니 그 은혜가 한량하기 그지없다.

하지만 맨날 고맙다는 생각뿐이었다. 그런데 오늘은 행동으로 옮기려고 한다. 나는 갖고 나간 돈을 애들에게 나눠 주며 말했다. "이런 적은 금액을 보내는 것은 송구스러운 일이니 내가 드렸다고 하지 말고 사위, 며느리인 너희가 용돈을 드린 것으로 하라고." 아들들 딸에게 말했다.

아들의 과분한 칭찬에 정신이 뽕 나간 나는 돈이 나갔는데 웬일인지 기분이 좋았다. 그리고 진작 이런 베풂을 가질 것을, 너무 늦었구나 하고 생각했다. 다만 금액이 너무 적어 아쉬움이 남는다. 하지만 오랜만에 잘한 일 같아 마음이 흡족하다. 아마도 내가 평생 잘한 일 중에 제일 잘한 일 같다.

논 그리고 농부

내 집 가까이 논이 있다. 나는 논에 모가 아가 같아 정겨움이 느껴진다. 초여름이 되면 진초록으로 쏙 쏙 올라온 벼 모습도 예쁘다. 장마철이다. 억수같이 쏟아지는 장맛비에 나뭇잎 풀잎이 축 처져 몰골이 사나웠으나 논의 벼는 빳빳하게 칼같이 날을 세우고 있다. 아침마다 벼 푸른 잎에 영롱한 이슬이 맺히고 장마철에 개구리 떼들의 우는 소리를 들을 수 있다. 그리고 가을이면 금빛 벼의 물결을 볼 수 있어 이 논을 보며 드나드는 아이들에게는 자연을 가르쳐 주는, 참사랑을 배우게 하는 장이라 할 수 있다.

나는 이 논을 보며 이상한 생각이 들었다. 그것은 대로변의 땅값이 엄청 비싼 이곳에 논이 남아 있다는 사실이 믿기지 않는다. 이곳은 대형 건물, 또는 아파트 단지가 되어 있어야 할 곳이다. 그러나 할아버지는 논을 팔아 그 돈으로 평생을 잘살 텐데 돈과는 전혀 상관없이 허룩한 모습으로 이 논을 지키는 것이다. 누가 논을 팔라고 하면 할아버지는 펄펄 뛴다. 할아버지는 옛말에 자식 죽는 것은 봐도 논에 모가 햇볕에 타는 것은 볼 수 없다는 말이 있다고 그리고 논이 자식보다 더 소중하다고 한다. 그리고 물꼬에 물이 "졸 졸 졸" 흐르는 소리는 세상에서 제일 듣기 좋고 논에서 불어오는 바람이 얼마나 단지 아느냐고 되묻는다.

이 농부는 어려서 논만 보고 자랐고 배운 것이 논농사며 논에서 일하는 것을 천명으로 알고 있다. 생명을 유지하는 것은 유일하게 밥이며 벼를 생산하는 것은 하늘 아래 제일 대단한 일이라 죽는 순간까지 농사를 지어야 한다고 생각했다. 농부는 각 물건에 대해 객관적으로 진정한 가치가 어떻게 쓰이든 상관없이 그의 의식은 사회통념상 교환가치가 사용가치를 지배하는 것을 용납하지 않는 것이다.

벼가 누렇게 익어간다. 그런데 때아닌 비바람이 몰아친다. 할아버지는 난리가 났다. 벼가 쓰러지는 것을 건지기 위해 할아버지는 칠흑같이 어두운 밤에 논에 나가 가로등 흐릿한 불빛에 더듬거리며 벼를 안아 일으키느라 끙끙거렸다. 자식들이 품사서 드릴 테니 제발 가만히 계시라 해도 소용이 없다. 이렇게 해 기어이 일으킨 벼 자리를 잡아 바람 따라 노니는 것을 보면 농부는 죽은 자식이 다시 살아난 듯 아주 좋아하는 것이었다.

가을이 되어 하늘이 높다. 벼도 서서히 패기 시작한다. 농부는 어린 시절 얘기를 하신다. 7남매를 둔 어머니가 얼마나 가난했는지 끼니가 간데없는데 하루는 아이가 아파 사경을 헤매었다. 어머니는 제사 때 쓰려던, 마루 천장에 걸린 쌀 봉지를 털어 지은 쌀밥을 앓는 아가에게 주며 "아가 이밥이다. 이밥만 먹으면 산다. 이밥 맛 잊

없냐?" 하시면서 아가에게 밥을 떠 입에 넣어 주셨단다.

그 밥을 먹고 난 뒤 열병을 털고 일어난 것이 지금의 이 농부란다. 농부는 논에 나와 누런 황금빛이 일렁이는 것을 보면 순간, 밀려오는 격한 사랑과 평생 생인손 아픔인 어머니에 대한 그리움이 볏잎 끝마다 달려 어떤 때는 눈가에 눈물이 맺혔다. 그리고 명절, 차례상에 희다 못해 푸른 빛이 도는 밥을 한 그릇 수북이 떠 놓고 "어머니 죽을 사람도 살린다는 이밥이요. 한 그릇 다 비고 더 잡수시오." 하며 숟갈을 밥그릇 위에 푹 꽂는다.

어느 해 봄이다. 논이 텅 비었다. 알고 보니 노인이 논에서 피를 뽑다가 쓰러져 저세상으로 갔단다. 나는 빈 논을 보며 어쩌면 참된 생을 살고 갔을지도 모를 노인께 명복을 빌었다. 아마도 농부의 혼은 무논에 놀던 구름은, 모는, 논에 놀던 어린 생명은 지금 어디서 살까 하며 빈 논을 보며 걱정할 것이다.

나도 논이었던 땅을 보며 붉은 노을 아래 벼들이 누런 상복을 입고 그 농부를 조상이라도 하는 듯 일제히 고개 숙여 바람 부는 대로 흔들리는 환상이 보여 마음이 숙연해진다. 나는 수억의 돈, 편하고 화려한 생활보다도 논을, 일을, 밥을 자연이 주는 정서를 사랑하는 농부의 마음을 생각해 본다. 그리고 과연 어떻게 사는 게 진정한 삶인지 생각해 본다.

눈 오는 날 연리목

　남편은 엉덩이뼈에 금이 가 병원에서 오래 있었고 집에서도 갇혀 지냈다. 지금 밖에는 눈이 펑펑 내린다. 남편은 눈 내리는 것을 보더니 밖으로 나가자고 자꾸 보챈다. 나는 답답해 애쓰는 남편이 안쓰러워 눈을 조금 밟게 하고 싶었다. 남편 옷을 단단히 입힌 나는 서로 붙들고 다녀야 하기에 우산 없이 나섰다. 남편과 나는 조심조심 숫눈만 골라 밟았다. "뽀드득, 뽀드득" 소리를 들으니 오랜만에 느끼는 상큼함이다. 눈 날리는 모습을 보니 자유로운 영혼의 모습이 이런가 하는 생각이 든다. 눈이 머리에 이마에 닿으니 싱그럽다. 나와 남편이 그동안 고생한 모든 심사를 날리는 눈에 풀었다.

　주위는 산, 들의 경계가 없다. 남편도 주위를 둘러보며 애들처럼 좋아했다. 우린 이 즐거움이 재앙이 되지 않기 위해 아주 조심조심 걷는데 앞에 작은 매화나무가 있다. 무더기로 핀 눈꽃 사이사이로 은은한 향기가 흐르는 것 같다. 좀 더 걸으니 시청 옆에 진열된 고인돌 앞에 섰다. 돌 위에 수북이 쌓인 눈, 맑은 정기(精氣)로 몇 천

년 전 잠을 잤던 인간의 영혼이 깨어나 지키던 돌과 무어라고 속삭이는 것 같았다.

드디어 동네 뒤 공원에 왔다. 크지 않은 공간에 그 누구도 발길이 닿지 않은 곳, 좌악 펼쳐진 하얀 눈 카펫이다. 우리는 이 순백의 눈 위를 하나씩 둘씩 발자국을 남긴다. 오래전 남편과 눈길을 걷던 생각이 난다. 건강한 청춘이 있었다는 사실이 꿈속처럼 아련하다. 지난 삶을 하나씩 지워지는 삶을 사는 남편에게 우리 둘의 발자국이라도 화석으로 남기를 바라는 마음으로 눈을 쿡쿡 다져가며 밟았다. 하지만 어느새 발자국은 날리는 눈으로 지워지고 있다.

우리 부부는 한 자리에 서서 눈을 맞고 있으니 어느새 로댕이 조각한 '발작크' 같이, 이백 그림인 '음행도' 같이 우리 몸의 세부적인 형상이 생략되고 간결한 몸통만 남은 두 그루의 흰 통나무가 되었다. 절제 미학. 단순의 미는 이렇게 자연적으로 이루어졌다. 나는 남편 얼굴에 눈을 털어주며 추우면 집에 가자고 했더니 고개를 젓는다. 혹여 이 겨울의 눈이 생의 마지막이 될지도 모른다는 생각을 하고 있는지 말없이 눈만 바라보고 있다. 나는 별안간 가슴이 뭉클해 남편의 얼굴을 다시 쓸어주며 말했다. "여보, 우리 이대로 영원히 있을까." 하니 남편이 고개를 끄떡인다. "그럽시다. 그냥 이렇게 이곳에 남읍시다." 하면서 나는 내 머리를 남편 가슴에 묻고 두 팔로 남편을 껴안았다.

남편과 하나된 우리 부부는 눈이 덮여 새로 탄생된 연리목이 되었다. 은빛 눈을 맞으며 정적 속에 나무 한 그루되어 서 있는 나는 당나라의 유명한 시인 백거이 작 '장한가'를 읊어본다.

하늘에서 만난다면 비익조 되기를 원했고/
땅에서 만나면 연리지가 되기 바랬지/
하늘과 땅이 장구해도 끝이 있건만/
이 한은 끝없이 이어져 다함이 없네//

추워도 추운 줄을 모르고 애련으로 물든 연리목에 눈이 쌓인다. 기울어져 가는 늦은 인생에 눈이 덮인다. 서러운 내 가슴에 눈이 녹아 물이 되어 흐른다.

눈 오는 날의 향수

눈이 내린다. 나는 소녀였을 때 툇마루에 앉아 펑펑 내리는 눈을 보며 생각이 많았던 시절을 생각한다. 눈은 어찌 저리도 하얄까? 저 눈은 어디서 오는 걸까? 반짝이는 별들이 부서진 가루일까? 아마도 처음에 어마어마한 큰 별이었을 거야. 땅으로 내려오는 거리가 너무 멀어 별 부스러기로 저리 가벼운 눈이 되었겠지.

아니면 매일 우리가 떠드는 말이 하늘로 올라가 저리 깨끗하게 순화되어 다시 내려오는가? 생을 마친 생물들의 혼불이 저리 눈이 되어 내리는가? 나무 위에 쌓인 눈을 보니 한겨울에 이런 꽃이, 기적이라 생각했다. 그리고 나는 행복한 상상을 했다. 나도 좀 있으면 언덕 위 눈꽃 핀 나무 아래에서 멋진 남자를 만나 눈에서 날리는 금실 은실로 우리의 첫사랑을 예쁘게 수놓아야지.

눈이 처음 살짝 내릴 때는 '소보리빵' 위 설탕 가루 같고, 눈이 쌓일수록 쌀가루 같아 별안간 우리 집이 부자가 된 것 같았다. 나는 저 쌀가루를 떡시루에 앉히고 하늘의 별, 달, 빨간 산수유 열매를 따서 고명으로 얹어 떡 백설기를 만들어 엄마 아빠한테 드리면 좋겠다는 생각을 했다. 그리고는 나는 역시 속물이야, 저 하얀 눈을 보고 먹을 것만 생각하니.

소복이 쌓인 눈을 윤동주 시인은 지붕, 길, 밭을 덮어주는 이불이라 시를 짓고, 김종해 시인은 눈은 가벼워 서로 서로를 업고 있어 포근하다 했다. 나도 이 눈을 보며 시인들처럼 뭐라고 표현하고 싶은데 아무 생각이 나지 않는다. 나는 평소에 소설가, 또는 시시한 시인이라도 되고 싶은데 될 가망이 전혀 없는 것 같아 공연히 슬프다.

눈은 화분 위에, 장독대 항아리 위에, 작은 마당에도 소복이 눈이 쌓였다. 빨랫줄은 쭉 뻗은 조팝나무 가지처럼 하얀 꽃이 닥지닥지 피어 만발했다. 늘 부엌문으로 찾아오는 높이 솟은 백운대 바위가 평소에는 미색 연꽃같이 보였는데 오늘은 산 전체가 하얗다. 가끔 무거운 몸을 터는지 눈보라가 날리는 것 같았다. 삐꺽 대문 소리가 났다. 나는 "아버지" 하며 아버지 품에 뛰어들었다. 하얗게 눈을 맞고 들어온 아버지는 나를 보고 환한 미소를 지으셨다.

소복이 눈 쌓인 내 집, 작은 마당이 천국이고 극락이고, 내 사랑이었다. 지금 늙은 나는 꿈에서 깨어난 듯 두 손으로 얼굴을 감싸 쥐었다. 돌아가고 싶어도 돌아갈 수 없는 눈 내리는 날의 향수, 옛 집, 엄마 아버지가 그리워 가만히 눈을 감아 본다.

늙은 삶도 괜찮다
―자연에 순응하는 삶

　명절 하루 전날, 늦은 저녁에 형제 부부가 모여 술 한 잔씩 주고받는다. 처음에는 형제 부부만 있었다. 그리고 큰아들이 "제수씨 한 잔 받으세요." 둘째아들 처는 "아주버님 한잔 받으세요." 그리고 '서방님, 형수님' 하고 서로서로 술잔을 서로 권하는 모습이 너무 예뻤었다. 그리고 20년이 지났다. 지금은 손자 손녀들도 술자리에 합세했다. 딸 식구도 모이니 와! 많은 식구와 체격 좋은 아이들로 자리가 비좁다.

　나는 손주 5명, 이들의 나이는 전부 청춘의 상징인 20대다. 그러니 애들만 봐도 힘이 솟는다. 더군다나 손녀딸 애교에 뼈가 녹아드는 그 행복감, 그 기쁨을 어디에 비할까. 나는 이들을 보는 것만으로도 소원이 다 이루어진 것 같다. 이 청춘들은 술잔을 앞에 놓고 현재의 사회생활, 각자의 전공 분야에 대해 진지하게 토론한다.

　그리고 이야기 중 아직 사회에 초년생들이 직장에서 처한 현실과 꿈꾸던 이상의 괴리감으로 고민의 언저리가 살짝 드러난다. 나는 이럴 때 손주들이 바람에 흔들리는 어린 풀 같아 걱정된다. 하지만 한편으로는 잘 이겨나갈 것이라는 믿는 마음과 기도하는 심정으로 조심스레 이야기를 경청한다.

명절날 아침, 취기가 덜 풀린 아들 며느리를 위해 나는 일찍 일어나 차례와 식사 준비를 한다. 커피 끓이는 담당은 으레 내 남편이었다. 아버지가 커피 끓이는 모습을 보고 아들들이 그냥 있을 수 없어 함께 했었다. 이제는 장성한 손자들이 커피를 끓인다고 나선다. 나와 며느리들은 여왕이 되어 커피 향을 즐긴다. 식구들이 차례와 식사를 마치고 나면 세배를 받는다. 애들이 밝은 모습으로 웃을 때, 손짓 하나하나 움직일 때마다 비쳐 들어온 서광으로 거실은 희망의 꽃이 피어 그 향기 가득하다. 나는 지극히 평화로운 모습에 마음이 행복하다.

애들이 가고 난 며칠 뒤 나는 평소에 지니고 있던 자잘한 보석 몇 개를 갖고 금은방에 갔다. 한 집에 하나씩 목걸이를 해주기 위해서다. 조건 없이 주는 사랑이 어떤 마음인지 알겠다. 인색한 내가 돈을 서슴없이 쓰는 것은 아마도 손주들을 보면 마법에 걸려 주머니가 절로 열리나 보다.

혼자서 가만히 거울을 본다. 나이 먹어 초라해진 외모와 도태되어가는 내 생활을 슬프게 생각했는데 성장해 가는 애들을 보면 내가 나이 먹는 것이 오히려 자랑스럽게 느껴진다. 그리고 자연에 순응하는 것이 순리지 하는 마음으로 주름진 얼굴을 쓰다듬는다. 그러고 보면 늙은 삶도 괜찮은 것 같다.

가을, 만년 소녀의 꿈

가을이다. 하늘이 하 맑아 깨끗이 닦은 사기그릇처럼 만지면 뽀드득 소리가 날 것 같다.

나는 동네 숲에 앉아 해바라기를 한다. 어디선가 '소녀의 기도' 피아노 소리가 들린다. 내 귀가 번쩍 띈다. 오랜만에 듣는 음악이라 반가웠다.

수십 년 전 자주 듣던 음악이다. 나 어렸을 때 피아노 소리는 부잣집 창문에서나 간간이 들을 수 있었다. 학교에도 피아노가 딱 한 대만 있었다. 나는 옛날 학창시절이 생각났다. 한창 감수성이 풍부한 여중생, 점심시간에 '소녀의 기도' 음악이 흘러나오면 점심 먹다 말고 강당으로 뛰어갔다. 그리고 숨소리 하나 내지 않고 들으며 마음이 마냥 행복했었다. 교정에서 이 음악을 들으면 빛나는 허공에 은구슬이 구르는 소리라고 생각했다. 그리고 이 선율로 씨가 싹트고 꽃이 벙글고 나뭇잎에 이슬이 내려앉는다고.

작곡자 '바다르체프스카'는 어찌 사람의 마음을 끄는 이 마력 같은 곡을 만들었을까? 궁금했다. 작곡할 때 마음에 티 하나 묻지 않았을까? 순수한 생각만 했을까? 이 곡을 만드는 동안 이슬만 입에 머금었을까? 지금도 나는 백 번을 들어도 좋다. 나이 들어도 감성은 여전한지 예나 지금이나 호소력 짙은 절묘한, 예쁜 소리로 가슴이 설렌다.

요즘 늦게 내가 피아노를 배운다. 할머니인 내가 처음 시작하려니 겁부터 난다. 어떻게 음계를 읽을 것인가? 그리고 평생을 왼손은 무조건 오른손을 쫓아갔는데 어떻게 각각의 손가락으로 음계를 짚을 것인가? 걱정이 태산이다. 그래도 나는 황무지를 호미로 개척하는 심정으로 피아노 건반에 손가락을 얹는다. 처음엔 오른손만. 다음엔 왼손만. 다음엔 양손으로 아주 조금씩 진도를 나갔다.

음계 한 토막을 10번씩 넘게 친다. 그리고 한 토막, 다음에 두 토막. 그리고 한 줄, 두 줄, 나중에 한 페이지를 넘기니 그 기쁨이 대단하다. 피아노를 쳐도 음이 아름답다는가 그런 감정은 모른다. 다만 한 페이지를 내 손가락이 음계를 그것도 양손으로 건반을 두드렸다는 사실이 신기한 것이다. 선생님은 볼 때마다 무조건 잘한다고 늘 칭찬한다. 나는 옛날 도대체 학교 음악 시간에 뭐 했나? 하는 생각이 든다. 이론을 아나 음표를 읽을 줄 아나. 정말 생각할수록 지난 세월이 한심했다.

요즘은 바이엘 상권을 떼려 하니 손의 관절이 안 좋아 쉬고 있다. 그래도 지금 그만두려니 아쉬움이 남는다. 손가락의 상태가 좀 좋아지면 다시 교습을 받아야지 하는 마음으로 주름진 손을, 손가락

마디 마디를 열심히 만진다. 그리고 피아노를 열고 조심스레 건반 위 손가락을 얹는다. 이 세상에 해 보자는 생각은, 할 수 있다는 꿈은 얼마나 아름다운가.

세월이 얼마 남지 않은 내가 바이엘만 익히고 끝난다 해도 유감없다. 다만 포기하지 말고 끝까지 건반 위에 내 손가락으로 딩, 동, 댕을 칠 수 있는 것으로 만족할 뿐이다. 그리고 간간이 유튜브로 아름다운 피아노 선율을 듣는다. 그리고 아직도 감성은 풍부해 아름답게 느끼는 것으로도 신의 축복이라고 생각한다. 그래도 애처롭게 피아노 건반을 만지는 늦가을 만년 소녀 얼굴에 잔잔한 미소가 번진다.

제2부

행복한 겨울

님아, 그 물을 건너지 마오

 남편이 아이가 되어간다. 그러니 남편을 혼자 둘 수가 없다. 그런데 하루 이틀이지 어떤 때는 힘이 든다. 어느 해 여름, 카페 여행방 공지에 1박 2일 '구찌마을'로 여행을 간다고 한다. 나는 정말로 바람 좀 쐬고 친구들과 만나 재미있는 시간을 보내고 싶은데 남편을 맡길 때가 없다.

 아들, 딸 가족에게 맡길 수 있으나 금요일이고 1박 2일이라 전부 힘들 것이다. 나는 고민 고민하다 직장을 다니는 둘째아들에게 아버지 좀 맡으라고 했다. 둘째아들은 하루 월차를 내겠다고 했다. 내가 여행 떠나는 즉시 아들은 아버지를 모시고 당진의 낚시터로 가고 며느리는 다음날 음식을 해드리며 시아버지를 정성스레 모셨다. 다음부터는 토요일이나 일요일에 둘째아들에게 남편을 맡겼다.

 그리고 평일에 볼일이 있으면 딸이 아버지를 모시고 간다. 그런데 남편은 딸이 온갖 정성을 다해도 마누라만 못한지 나를 보더니 아주 반가워하며 그 큰 몸집을 이 작은 가슴에 안기는 것이다. 나는 남편이 버거워 비틀거리며 안으면서도 그래 난 아직 나를 기다리는 사람이 있고, 또한 내 품에 안기어 행복해 하는 남편이 있구나 하는 생각에 콧마루가 시큰하다.

아무리 아들이 딸이 아버지를 봐주어도 나는 여전히 남편 때문에 자유롭지 못하다. 하지만 내 늙은 남편의 인생과 같이 무너지는구나 하는 생각보다 내 남은 인생이 남편 돌보고 지켜주는 것이 내 마지막 소명인 것 같아 자연 이치에 순종하듯 남편과 일거수일투족을 같이 한다.

내 생활은 점점 소박해진다. 남편과 같이 시장에 가서 장을 보고 음식도 같이 한다. 그리고 남편이 만들어 준 음식을 잘 먹는 것이 감사하며 그리고 설거지를 해준다고 주방에서 나를 밀어내는 남편이 신통방통한 생각이 든다. 때로는 옆에서 남편이 잠든 것을 보며 남편과 같이 생활한다는 사실 그 자체만으로도 행복하다는 생각이 든다.

봄이다. 봄비가 촉촉이 내린다. 봄비는 여러 빛깔로 내린다. 노란색 비는 산수유꽃 나무에 스며들고 흰 다홍색 빛깔의 비는 매화꽃 나무 품속을 파고든다. 비가 스며든 산수유 꽃은 꿈꾸듯 몽환적인 노란빛 꽃을, 매화는 향기가 매혹적인 흰빛, 다홍색 매화꽃을 피울 것이다.

오늘도 산책하다 작은 화단을 보았다. 작약꽃 순이 나왔다. 여기저기 두세 개씩 모인 순은 가는 손목에 손가락을 모은 듯한 새순을 본다. 아! 그렇구나. 이 어린 순들이 오직 세상 밖을 나가고 싶어 굳은 땅을 파헤치고 나올 때 어두운 곳에서 두 손을 모아 기도했나 보다.

어린 순 하나 다치지 않은 모습을 보니 우리가 세상에 나올 때도 손가락 하나 다치지 않고 나온 것과 같아 신의 섭리를 생각한다. 지금도 기도한 손을 못 풀고 있는 손들이 예쁘다. 좀 있으면 이 순이 펴져 잎이 되고 줄기에선 눈부시도록 아름다운 작약꽃을 볼 것이다.

나는 남편과 같이 이 봄을 과연 몇 번이나 산책하며 꽃을 볼 것인가 생각하니 학교에서 배웠던 '공무도하가*'가 생각난다. 나는 남편을 보고 수천 년 전 백수광부의 아내가 되어 남편에게 말한다. "임아, 그 물을 건너지 마오."
애처롭게 또, 또 말한다. "여보, 제발 제발 저 강물을 건너지 마오." 남편은 말없이 나를 물끄러미 바라본다. 남편의 흐릿한 미소가 나를 더 슬프게 한다.

* 공무도하가 : 우리나라에서 가장 오래된 시. 백수광부의 아내가 지었음

달맞이꽃

　여긴 동강, 칠흑같이 어두운 밤이다. 친구들은 숙소인 모텔에서 모처럼 힘든 여행의 휴식을 취하고 있는데 나는 혼자서 동강 강가를 거닐었다. 낮에 울창한 숲의 녹음 짙은 초록의 세계는 닫혀 있고 천야만야하게 깎아지른 절벽이 시커멓고 험상한 모습을 드러내어 무섭기도 했다. 나는 자갈밭인 잔돌 위에 앉아 하늘을 바라보니 생전 처음 보는 듯한 별빛이 찬란하게 빛을 낸다. 아주 어린 시절 보던 하늘이 이랬던가 하고 생각한다. 흐르는 강물은 달빛 물결로 윤슬이 아름답다.

　나는 모처럼 반짝이는 별, 달빛을 보며 이 귀한 밤을 어찌 잠을 잘 것인가 하며 잔돌을 밟으며 걸었다. 그런데 무엇이 발 앞에 있다. 분명 돌은 아니다. 나는 쪼그리고 앉아 보니 꽃 한 송이 피어 있는 것이다. 나는 깜짝 놀랐다. 이 어두운 강가, 끝없이 펼쳐진 잔돌 밭에 유일한 꽃 한 송이. 바로 달맞이꽃이었다.

방금 피었는지 봉긋 벌린 꽃잎 안에는 별빛 달빛 어우러진 노란색이 고봉으로 소복했다. 난 이 꽃을 보자마자 앙증맞고 예쁘다고 생각하면서도 마음이 아릿했다. 이 칠흑같이 어두운 곳에 풀 한 포기 볼 수 없는데 꽃이 혼자 피어 있다니. 나는 처음에 하늘의 별 하나가 떨어져 이곳에서 꽃으로 환생한 것 같은 생각이 들었다.

아마도 이 꽃은 절벽 위 숲에서 날아 물에 떨어진 씨앗이 흘러 흘러 이 잔돌 틈에 뿌리를 내린 모양이다. 나는 이 꽃의 질긴 생명력에 감탄했다. 그리고 바라보니 꽃은 작지만 맹렬하게 타고 있는 노란 불꽃이었다. 하긴 어떻게 태어난 생명인가. 꽃은 이 세상에 자기보다 존귀한 생명이 없는 듯 천상천하유아독존으로 유감없이 생명의 꽃불을 태우는 것이다.

나는 어두운 강에 혼자 타는 이 꽃불은 망망대해에 검은 파도와 싸우며 뭇 생명을 지키는 작은 등대의 불빛 같기도 하고 또는 거대한 기계가 맞물려 돌아가는 물질적인 현대사회에 맞서 순수한 자연의, 본연의 모습을 지키기 위해 써 놓은 어느 시인의 시 한 줄 같았다.

밤이 점점 깊어가고 별은 더욱 빛난다. 강바람은 시원하고 꽃은 미소를 짓는다. 오! 내 영혼이 온전한 자연을 만나는 이런 호사가 얼마 만이던가.
이 한밤을 이 꽃과 같이 지내는 내 인생에 가장 소중한 이 순간. 나는 나에게 내일이 없다 하여도 유감이 없을 것 같았다. 나는 지금도 눈을 감으면 혼자 동강, 자갈밭에 피었던 아련하면서도 애잔한 노란 달맞이꽃이 떠오른다.

달을 보고 울지 않으련다

오늘이 정월 보름날이다. 정월 보름달 그리고 추석 보름달은 유난히 밝다. 내가 어렸을 때 달이 밝은 날, 아버지는 얼큰히 술에 취하셔서 달을 보고 노래를 큰 소리로 부르시면서 집으로 오신다.

아버지는 6·25 전쟁 후 고향인 서울로 돌아와 갖은 고생 끝에 집도 사고 가게도 샀다. 어머니는 오랜만에 안정된 생활을 했다. 그러나 행복한 생활이 길게 가지 못했다. 아버지가 혈압으로 쓰러졌기 때문이다. 그날이 바로 추석 명절이었다. 그해 보름달은 유난히도 밝았다.

그 후 엄마는 파김치가 되어 맥없이 그날 그날을 살았다. 그리고 동네에는 아무리 달이 밝아도 노래가 들리지 않았다. 대신 우리 집 마루에 아버지 영혼을 모신 상청이 있었다.
그리고 3년 동안 아침마다 상식을 올릴 때 엄마의 곡소리가 동네로 퍼져나갔다.

참으로 엄마는 청승맞도록 서럽게도 울었다. 늘 눈물로 사는 엄마는 슬픔에 의지하여 우리 남매를 다 키운 뒤 정월달 하늘에 손톱달을 남기고 가셨다. 그 뒤 추석 보름달을 보면 아버지 생각, 정월 초승달을 보며 엄마 생각이 났다. 나는 간간이 초승달 때 보인다고 하는 구름달이라는 말이 생각난다.

　구름달이란 하늘이 구름으로 가득 차 달이 움직일 수가 없고 또 산에 걸려서 서산으로 넘어가지 못하는 달, 스러진다고 하는 슬픈 서정적인, 시적인 이미지를 보여주는 초승달. 나는 이 구름달이 엄마 마음 같아 구름 속에 뜬 달을 보고 마음을 앓았다. 세월이 갈수록 이 슬픔은 더욱 드러났다.
　하루는 낮달을 보고 엄마 생각이 나서 시를 썼다.

　　　나뭇가지에 비스듬히 앉은 낮달/
　　　허연 피부가 불어터진 수제비/
　　　엄마를 닮았다/
　　　엄마, 불편하지 않아?/
　　　달이 답한다/
　　　응, 괜찮아 견딜만해/
　　　울지 않아 다행이다//

　이제는 내 남편도 갔다. 나는 또 울며불며 시름없이 앉아 냇물을 보는데 물속에 초승달이 놀고 있다. 나는 달을 건져내 숫돌에 갈았다. 그리고 나무 자루를 끼워서 낫을 만들었다. 모든 인연 싹둑 잘라내려고, 이제는 보름달 초승달을 보아도 달빛이 유난히 밝아도 절대로 울지 않을 것이다. 모든 인연을 끊었기에.

돌

    내가 어렸을 때는 주변에 흩어진 돌을 주워 공기놀이, 사방치기 등을 하며 놀았다. 우리 집은 축대 위에 지어졌고 담도 돌담이다. 그리고 마당에 섬돌을 밟아 대뜰로 그리고 댓돌을 밟으며 대청마루로 올라갔다. 대청마루에는 으레 다듬이돌(방칫돌)이 있었다.

    담장 밑에는 노둣돌이 있어 어릴 때 담 밖의 세상을 넘겨다 보았다. 겨울에는 사위는 화롯불의 불씨를 부젓가락(화젓갈)으로 다독인 다음 재를 누르는 불돌. 장독대에는 항아리 옆에 크고 작은 누름돌이 있어 옛 여인의 향취를 느끼게 한다. 또한, 뒷간에 가면 딛고 일을 볼 수 있게 한 부춛돌 그리고 우리나라 궁전 바닥에 박석을 깔아 조상의 지혜로운 숨결을 느끼게 한다. 나는 지금도 징검돌다리를 밟고 냇물을 건넌다. 그렇게 우리는 살아가는데 돌과 밀접한 관계가 있다.

    지금 내 집 옆에도 삼각형의 큰 돌이 있다. 표면이 울퉁불퉁, 움

푹 패여 책에서 본 화성의 표면 같다. 돌은 겨울엔 더욱 음산해 보였으나 봄의 햇살이 비칠 때는 옅게 화장한 듯 표정이 부드러우나 워낙 거칠고 못생긴 돌이라 나는 오랜 세월 무심했다. 그런 어느 날 힘들게 집에 오는데 집보다 먼저 돌이 보였다. 그 후로 먼 길 다녀올 때마다 돌을 보면 우선 마음이 놓이고 몸의 피로가 풀렸다. 그 후로는 으레 돌을 보면 집이구나 하는 생각이 든다.

그렇게 10년 20년, 세월이 흘렀다. 그러나 돌은 겨울에 찬 바람이 몰아쳐도, 여름 더위, 억수장마가 져도 지나가면 다 그만이라는 것을 터득한 듯 오랜 세월 속에서 조금도 변함이 없었다. 그런데 내가 나이가 들어서인가 어느 날 나는 그런 돌을 보았을 때 굳센 의지인 인내를, 홀로 고통을 감내하는 것이 나에게 믿음 이상의 철벽같은 삶의 철학으로 다가왔다.

그러자 별안간 생각했다. 이 돌은 나를 위해서 어디에선가 언제부터인가 와 있는 것이 아닐까? 그러면 화성같이 생겼는데 별이 아닌가? 어쩌면 나를 만나기 위해 머나먼 길을 떠나올 때는 엄청, 큰 별인데 오는 동안 수천 만년 세월 속, 벼락불에 타 부서지고 폭우에 쓸리고 바람에 깎여 일그러진 모습으로 이곳에 서 있는 것이 아닌가.

나는 돌을 보고 말했다. "돌아 나에 대한 네 사랑은 어떤 것이며 어찌 나에게 왔니? 반짝이는 별똥별로 달빛 물결 타고 내려왔니? 나를 사랑해 기도 끝에 새가 되어 날아다니다 날개를 접었니?" "이렇게 모습이 힘하니 그 시련이 오죽했을까. 얼마나 아팠니, 얼마나 울었니." 나는 돌을 안았다.

나는 돌에 기대어 먼 곳을 본다. 우람진 산이 하늘에 기대었고 작은 앞산은 뒤에 큰 산에 기대어 있으며 들은 산자락에 안겨 있다. 동네의 주민들은 들에 기대어 발을 뻗고 있으니 지극히 평화롭고 나 또한, 돌에 기대고 있어 마음이 마냥 느긋했다.

생각은, 상상의 나래는 마음껏 허공으로 날아다닌다. 그리스 신화를 생각했다. '피그말리온' 조각가는 이상적인 여인을 조각하고 늘 빌었더니 돌조각이 실제의 아름다운 여인이 되었다고 한다. 나는 내 혼, 돌의 혼이 출렁대는 햇살 바닷속에 잠겨 한데 묶여 있는데 다음 생은 어찌 될까? 막연하고 아득한 인연에 대해 생각했다.

동심초

　오랜만에 나는 옛날 영화 '동심초'를 보았다. 사실 나는 먼저 동심초 노래를 여학생 때 들었다. 이 영화도 노래가 좋아서 보았던 영화다. 이 영화는 신상옥 감독의 사랑의 멜로물 드라마로 감정 표현이 섬세하면서도 절제미가 뛰어난 작품이라고 한다.

　여배우 최은희는 딸(엄앵란)이 하나 있는 전쟁 미망인. 남자배우 김진규는 약혼녀(도금봉)가 있다. 최은희와 김진규는 열열하게 좋아했다. 하지만 총각이 나이가 더 많은, 애 딸린 과부를 좋아한다고 남자 집안에서 용납하지 않는다. 김진규나 최은희는 진실하고 심지가 곧다. 둘은 열렬히 사랑하면서도 손 하나 잡지 않고 극진한 사랑의 마음을 눈빛과 얼굴의 표정으로 이끌어 간 영화다.

　어느 날 김진규가 쓰러져 혼수상태로 있는데 김진규 머리맡에서 하룻밤을 보낸 최은희가 사랑한다는 말을 했다. 처음으로 진실한 말을 했기에 관객인 우리는 마음이 더욱 아파했고, 김진규 역시 잠결에 들은 이 말을 기억해 떠나간 최은희를 찾아 기차역으로 달려 갔다. 하지만 기차는 이미 떠나고 철조망을 잡고 흐느끼는 김진규의 사랑을 우리도 공감하여 같이 눈물을 흘렸다.

최은희가 머무는 시골 풍경. 살랑이는 바람결에 옷고름, 치맛자락을 날리며 논둑 길을 걷는 여인의 장면은 아름다운 목가적인 풍경이다. 그리고 시골에서 최은희를 만난, 격앙된 희열의 감정을 감춘 김진규의 무표정. 김진규를 만난 최은희 역시 기쁨으로 놀란 감정을 억제하고 잠잠하면서도 고즈넉한 애수 어린 표정은 그대로 서정적 시다.

그리고 애틋한 이루어지지 못하는 사랑의 감정이 우리에게 몰입되어 안타까움이 절정일 때 흐르는 동심초 노래는 압권이다. 동심초 노래 가사는 1000년도 넘는 당나라에 설도라는 기녀가 남자 원진과 같이 살았다. 그러나 신분의 차이로 결국 헤어진 설도는 죽을 때까지 원진을 그리며 혼자 살았다고 한다. 설도는 원진을 생각하며 '춘망사'라는 한시 4수를 남겼는데, 이 시 4수 중 3번째 시를 동심초 가사로 번역된 것이다.

원래 '춘망사' 시는 꽃잎은 날로 시들고/ …인데, 번역된 동심초 가사는 우리가 다 아는 '꽃잎은 하염없이 바람에 지고/ …이다.

이 시는 김소월 시인의 스승인 김억이 우리말의 맛과 멋을 절묘하게 잘 표현해 우리 정서에 가장 맞는 번역 중 최고라고 누가 말했단다. 그리고 작곡가 김성태는 시가 너무 좋아 가사에 맞게 사랑의 감정을 작곡했다. 그리고 이 노래를 당시 '산장에 여인'을 부른 권혜경이 뛰어난 가창력으로 부르자 가문 날에 불붙듯이 순식간에 전

국으로 퍼져 흘렀고, 지금도 모두가 즐겨 부르는 가곡 중 하나다.

그리고 이 시의 동심초(同心草)는 풀로 착각할 수 있는데 사랑을 주고받는 연서라고 한다. 나는 지금도 1,000년 전 설도라는 여인의 이루지 못한 애절한 사랑 '동심초' 영화를 보았고, 또한 간간이 노래도 불러본다.

－이 글은 인터넷 참조

자식 자랑

사위가 어질고 현명하다. 또한 딸, 며느리는 외모, 성정이 고우며 태도, 또한 참하다. 한마디로 일상생활에 겸손 인성 지성을 다 갖춘 자식들이다. 각자 저희 생활이 있으니 자주 부모를 찾지 못한다. 하지만 마음만은 지극하다. 그런 면에서 나는 자식 복이 많다.

큰며느리는 이지적이고 사리 분별이 정확해 상황 판단에 틀림이 없다. 시집에 대한 도리를 딱 떨어지게 지킨다. 시어머니인 나는 약간 푼수라 어처구니없는 일도 잘 저지르고 덜렁대는 성격이니 며느리 눈에 안 차는, 형편없이 보일 때가 있지만 단지 어머니라는 이유만으로 가타부타 말도 없고 어른 말에 순종하며 깍듯이 예의를 지킨다.

시집온 지 10년이 지났나? 형편이 그리 넉넉한 편이 아닌데도 시어머니 환갑, 시아버지 칠순이 가까우니 여행 가시라고 500만 원을 선뜻 내준다. 며느리 입장으론 꽤 큰돈이다. 우리 부부는 유럽 여행을 잘 다녀왔다. 나는 아무리 자식이지만 이렇게 큰 선물을 준 큰며느리에게 감사하는 마음으로 언젠가는 갚겠다고 속으로 생각했다. 겉은 강해 보이나 속마음은 한없이 여린 내 마음에 큰 자식답게 든든한 버팀목이 되어준 고마운 큰며느리다.

어느 하루는 둘째 며느리가 두루마리 족자를 갖고 왔다. 붓글씨와 동양화 전공인 며느리가 긴 족자를 펼치자 나는 말했다. "어머! 가사 문학 중 내가 제일 좋아하는 송순의 면앙정이네." 하니 며느리는 "어머니 맞아요. 어머니 글을 보자마자 아시네요." 나는 며느리의 칭찬에 으쓱해 면앙정 글을…,

    …늙은 용이 선잠을 갓 깨어 머리를 얹혀 놓은 듯…
    마치 구름을 탄 푸른 학이 두 날개를 펼친 듯…
    옥천산 용천산에서 내린 물이…
    긴 비단 펼쳐놓은 듯… 물가에 모래밭은 눈같이 하얗게 펴졌는데…//

나는 정신없이 글을 읽으며 그윽한 먹 향기를 맡았다.
어느 해는 봉투만 주면 됐지 거기에 작은 선물, 덧버선을 내 발에 신겨 주며 "어머니 맘에 드세요." 한다. 이 정겨운 장면은 내 가슴에 스며 한 편의 수채화로 기억된다. 그리고 코로나 19 때 시어머니 생일날 두 며느리가 번갈아 미역국, 밥과 반찬을 고루 갖춰 해오니 세상에 이런 며느리가 어디에 또 있을까, 감사하는 마음에 절로 큰애야, 둘째야 불러본다.

남편이 완전히 환자가 되었다. 딸이 찾아온다. 그리고 아버지를 아침 대신 가까운 커피집에서 커피와 빵을 사드린다. 나는 딸 주머니 형편을 생각해 오지 말라고 해도 딸은 자주 와서 아버지를 모시고 나간다. 하루는 딸이 아버지가 아무 데도 갈 데 없으면 제집 아파트에 가서 커피 끓여 드시고 과일도 드시라고. 그리고 과일을 마음대로 가져가라고 한다. 이렇게 집 비밀번호를 알려주는 일은 아무리 친한 친구도, 며느리가 착해도 딸이 아니면 어려울 것이다. 우리 부부는 딸이 집에 있건 없건 심심하면 딸 집에 가서 자주 놀았다. 아버지의 사랑을 흠뻑 받고 자란 딸이라 그런지 딸은 받은 사랑을 아버지 노후에 고스란히 갚아 드린다고 할 수 있다. 딸이 정말 고맙다.

그러고 보니 나는 신의 사랑을 극진하게 받는 모양이다. 신께서 주신 선물로 나에게는 과분한 자식들이라는 것을 나 스스로 인정하면서 자식들 잘되라고 정화수 앞에서 두 손을 모은다.

행복한 겨울

 겨울이다. 나는 집안을 정리하다 키우던 나무를 보았다. 전에 작은 나무를 들여왔는데 이제는 나무가 꽤 크다. 나뭇잎도 무성하다. 그런데 나무를 둘러보니 잎에 닥지닥지 벌레가 끼었다. 그 예쁘던 잎이 주접이 한참 들었다. 나는 한숨을 쉰다. 이것을 어찌하나, 버리려니 아깝고 벌레를 죽이자니 그렇고 대책이 없다.

 이럴 때 자식을 찾는다. 자식들만 보면 어떤 걱정도 풀리기 때문이다. 자식들도 내 생활을 분류별로 봐준다. 큰아들은 늘 컴퓨터를 챙겨준다. 내가 컴퓨터를 잘 다루지 못해 문제가 생기면 한밤 12시가 넘어도 와서 봐 주고 간다. 둘째아들 부부는 일상사 여러 가지를 도와준다. 나는 화초가 죽게 생겼다고 걱정을 하니 둘째 부부가 왔다. 며느리는 화초를 보더니 가위로 잎과 작은 가지를 거침없이 다 자른다. 나는 뼈대만 남은 나무를 거실로 들여놓는다. 그렇게 시간이 갔다.

 깊은 겨울이다. 나는 무심코 나무를 보니 어머나! 나무에 초록 연두색 빛이 우련 내비치는 것이다. 나무가 깊은 잠에서 깨어 눈을 뜨듯 파란 잎눈, 녹두알 만한 것들이 닥지닥지 달린 것이다. 그리고 하루 이틀 지나니 가지마다 어린 싹이 쏟아져 나온다. 그 기세는 엄청나 가히 폭발적이다.

  나는 나뭇잎이 너무 귀여웠다. 햇살도 없는 방에서 새 생명이 자라고 있다는 사실이 얼마나 신비한 일인지 모른다. 어느 날 밤에는 꿈에 내가 천상의 은하수 곁, 별밭을 거닐고 있었다. 나는 꿈이 깨어 불을 켜니 하늘에서 반짝이던 파란 별들이 나무에서 반짝이는 것이다. 그렇다, 이 파란 잎들은 하늘의 별들이고 나는 지금도 별밭 사이에 머물러 있는 것이다.

  잎은 나날이 자랐다. 이제는 거실에 푸름이 확 뜨인다. 물뿌리개로 뿌려진 물방울, 방울이 형광등 불빛에 아침 이슬이다. 나는 종이로 조그만 새를 접어 나뭇가지에 얹어놓는다. 하나가 외로울 것 같아 또 한 마리를 접어 마주 보게 놓는다. 새 두 마리 쪼로롱, 쪼로롱 서로 마주 보며 부르고 답하고 논다.

  나는 새 두 마리로 부족해 여러 마리의 새를 가지에 붙여 놓는다. 새가 이리저리 날아다니며 지저귀는 바람에 이 방이 몹시 시끄러울 것 같다. 거실 바닥에 초록천을 깔아 놓는다. 이제는 이 초라하고 가난한 작은 방이 싱그러운 보리밭이 되고 종이 새는 종달새가 되어 영롱하게 노래하며 날아다니는 것으로 상상된다. 나는 이 겨울을 싱그러운 초여름으로 사는 것이다. 나는 며느리에게 지금 아주 근사하게 살고 있다고 전화했다. 정말 나는 그 겨울을 마냥 행복하게 보냈다.

며느리와 난초

우리 부부는 하남시에 살고 큰아들 내외는 수원에 산다. 아들 부부는 성격이 차분해 약국을 경영하면서 화초를 키운다. 며느리는 화초 중에 난초를 키웠나 보다. 나도 난을 좋아한다.

얼마 전이었다. 나는 꽃집을 지나오는데 길에서 좋은 향기가 흘렀다. 나는 이 향기에 홀려 꽃 파는 집에 들렸다. 꽃집 주인이 난초를 얼마나 잘 키웠는지 잎은 곡선으로 흔들리고 꽃이 꽃대 하나에 꽃송이가 닥지닥지 피었는데 냄새가 유난히 향기로웠다. 나는 이 향기에 홀려 15만 원을 주고 샀다. 당시에 나에겐 거금이었지만 이런 향기를 주는 식물에 대한 대접으로 이 정도의 돈을 아까워해서는 안 된다고 생각했다.

며칠 동안 거실은 꽃향기가 가득했다. 나는 이 난꽃을 제대로 즐기기 위해 주위를 정갈하게 치웠다. 그리고 외출도 안 하고 꽃과 함께 시간을 보냈다. 마음이 담담한 생활을 며칠 했다. 어느 때는 빼어난 잎이 포물선을 그리고 꽃이 내뿜는 향기에 내 가슴에 기쁨이 잔잔하게 물결쳤다. 그렇게 나는 근 한 달 가까이 보내는 동안 내 생활 품격이 조금은 높아진 것 같았다.

그런데 아쉽게도 꽃이 졌다. 그 뒤 난초의 잎새 흐름만 즐겼다. 그리고 그 난초를 다시 꽃 피게 하려고 무척이나 노력했지만 난초 자체가 죽었고 난 향기는 꿈속에서 맡은 듯 기억 속 아련히 남아 있다. 그리고 다시는 난을 키우지 않았다. 다만 간간이 난초에 대한 시….

　　하늘이 하도 고요하시니/
　　난초는 궁금해 꽃피는 거라//

를 읊으며 서정주 시인의 난초에 대한 그윽한 사랑을 엿보았다.
그런데 어느 하루 큰며느리가 꽃이 몇 송이 달린 난초 꽃대를 병에 꽂아 하남시로 달려왔다. 나는 웬일이냐고 놀라서 물으니 며느리 말하길 난이 꽃을 피웠는데 향기가 너무 좋아 어머니가 생각나서 줄기를 자르는 용단을 내렸단다. 나는 오랜만에 꽃을 보고 향기를 맡으니 예전에 그 향기와 비슷했다.

나는 난초를 창가에 놓았다. 나는 난초를 햇살에 내어놓고 차양도 드리워 주고 잎에 먼지도 닦아주고 물도 갈아주었다. 꽃대 줄기에서 방울방울 이슬이 맺혔다. 새로 생긴 꽃봉오리에 팡팡 터진 꽃. 쏙~ 내민 점박이 혀를 감싸 안은 7개의 연분홍 꽃잎이 천상 기품 있는 자태다. 꽃향기는 그윽하고 은은했다. 나는 이 난꽃이 며느리를 닮았다고 생각해 더욱 소중히 여겼다.

난초 꽃향기는 거실에 가득했다. 이 향기를 즐기는 것은 내 생활의 더할 나위 없는 여백이다. 전에 난을 즐길 때의 감성으로 나날을 보냈다. 한 달이 지나니 꽃이 시들었다. 향기도 흐릿했다. 그래도 꽃대엔 꿀이 흐른다. 나는 말라가는 꽃대와 떨어진 꽃을 어떻게 하나 고민 끝에 유리 밑에 놓고 말렸다. 단아하고 반듯한 난꽃 향기를 닮은 며느리 정성을 고마움을 오래 간직하고 싶었기 때문이다. 결국은 오래가지 못하고 버렸다. 그래도 며느리가 갖다 준 정성과 함께 향기는 내 기억 미덕 속에 저장되었는지 나는 간간이 향기에 젖어 나른한 세월을 보냈다.

무소의 뿔처럼 혼자서 가라

　세월 흐르니 자식 멀어지고 정든 님 산화되고 나이만 차곡차곡 쌓인다. 영혼 담은 철 지난 옷 한 벌도 여기저기 헐어 날마다 수선집인 병원 드나들기 바쁘다. 때론 지나온 날들을 생각하면 허무하나 세상에 터럭만큼이라도 공짜는 없으니 여태껏 잘 살아온 대가라 생각한다.
　세상에 흐르는 물, 봄바람, 햇살은 모든 생명체를 위해 존재한다. 하지만 그래도 싱싱한 날 것, 새로 태어난 생명의 존재를 위해 날아라, 솟아라, 꿈꿔라, 말하는 틈에 내가 끼어 사는 것이 다 늙은 내가 구수한 흙냄새를 외면하고 하루하루 보내는 것이 웬일인지 민망하다. 그래도 남은 감성은 심장의 따끈한 열정과 융합해 도태되지 않으려 날마다 좀 더 나은 길을 찾는다.

　많이 살아 체득한 경험으로 삶의 뿌리는 깊다. 그리고 삶의 빛깔이 퇴색되었어도 온고지신(溫古知新)이란 옛말에 힘을 얻어 무엇이건 배워 하나라도 터득하면 얼마나 기쁜지 모른다. 그러다 간간이 낮은 자리에서 하늘을 보면 가없는 사랑이요, 드넓은 들에서는 연민의 정이 넘쳐흐르는 것이다.

그리스 신화의 비극은 우리 삶에 아무 때고 찾아오는 비극을 이겨낼 수 있는 면역력을 위해 쓴 글이라 한다. '오이디프스' 왕의 모진 운명이 안타깝고 처절한 고통을 감내하는 프로메테우스를 위로해 내 볼에 흐르던 따뜻한 눈물이 앞으로 나에게 올 고독과 외로움 그리고 질병의 괴로움과 아픔을 견뎌내게 하는 보험으로 작용할 것이다.

지금도 혼자 사는 어미를 보살펴주느라 자식들이 자주 들린다. 하지만 자식에게도 각자의 생활이 있을 것이니 될 수 있으면 자식에게도 의지하지 않는 마음을 가져야 한다. 오직 나 혼자 스스로 내 삶을 영위해 나가겠다는 각오로 마음을 다독인다. '수타니파타'라는 '남전대장경' 시경에 나오는 글, '무소뿔처럼 혼자서 가라'는 시 일부 마지막 부분을 적는다.

    탐욕과 혐오와 헤맴을 버리고/
    속박을 끊어 목숨을 잃어도 두려워하지 말고/
    무소의 뿔처럼 혼자서 가라/
    소리에 놀라지 않는 사자와 같이/
    그물에 걸리지 않는 바람과 같이/
    흙탕물에 더럽히지 않는 연꽃과 같이/
    무소의 뿔처럼 혼자서 가라//

나는 이 글을 읽으며 '무소의 뿔처럼 혼자서 가라' '무소의 뿔처럼 혼자서 가라' 2번, 3번 지절대며 마음을 단속한다. 외로움을 이기며 혼자서 당당하게 사는 마법의 주문을 외는 것이다.

한강

미라보 다리 아래 세느강은 흐르고/
우리들 사랑도 흐른다/ … …//

이 시는 시인 기욤 아폴리네르의 작 '미라보 다리'. 나는 이 시를 읽을 때마다 센느강은 얼마나 멋있을까 생각했다. 그러던 어느 날 한강을 건너면서 옛날 생각을 했다.

내가 어렸을 당시 한강 백사장은 깨끗했고 넓었다. 여름에는 어른들과 애들이 수영하는 수영장이었고, 겨울에는 강물이 얼어 썰매를 지치고 스케이트를 탔다. 그러나 6.25 전쟁 후 청계천은 더러웠고 악취도 심했고 너덜너덜한 판자촌이 즐비했다. 그러니 한강 물도 더러워 한강의 옛날 자취는 흔적도 없이 사라졌다.

세월이 많이 흘렀다. 한강은 기적을 일으켜 한강의 르네상스 시대를 이룩했다. 나도 중년이 지나 센느강을 찾았다. 여태껏 꿈꾸었던 센느강의 낭만이 한순간에 무너졌다. 그리고 우리의 한강이 얼마나 장엄하고 위대한가를 새삼스레 깨달았다. 누구나 다 알다시피 한강의 발원지는 북한강은 금강산, 남한강은 태백산 검룡소다. 검룡소는 가뭄이 들어도 변함없이 하루에 5천여 톤의 물이 솟아난다. 나는 우주의 현증(顯證), 뚜렷한 증거를 본다. 누가 부정할 수 있을까. 이 물이 우리 모두를 살린다는 것을. 이 두 강이 만나는 곳이 두물머리다.

그리고 지역마다 강 이름이 다르다. 나는 서울에서 늘 듣던 무수막강은 청계천과 중랑천이 살곶이 다리에서 합수해 응봉과 압구정 사이를 흐른다. 마포는 잔잔하게 흐르는 강이 호수 같아 서호(西湖) 서강인데, 이 강은 서거정의 시도 남겼다. 시가 아름다워 마포범주 일부를 올린다.

    서호의 짙은 화장/ 서시와도 같은데/
    복숭아꽃 가랑비/ 푸른 물가에 오는구나//

얼마나 아름다운가. 물이 화장한 서시 같다는 표현이. 그리고 동작동으로 들어가는 반포천이 서리서리 흐른다고 서래강, 행주산성 행호 외동에서는 행호강, 강화도와 김포시의 좁은 해협이 마치 강 같아 염하다. 그리고 두물머리에서 서울 광나루까지 두미강, 하남 미사리 미사지구 앞쪽이 미사리강이다.

나는 하남시에 살기에 자주 두물머리를 갔다. 두물머리에서 겸재 그림, '독백탄'에서 본 족자여울인 족자섬은(?), 정약용 생가 마재마을은(?), 저 먼 산이 예봉산인가(?) 하며 강 주위를 살펴본다. 한강의 역사적 사실이 전설 같다.

　집으로 오는 길에 팔당에서 차를 멈춘다. 팔당은 댐을 만들기 전엔 물이 많아 항상 물살이 거세었단다. 조선 시대, 강원도에서 벌채한 뗏목을 이곳까지 운송하느라 애쓴 떼꾼이 떼돈을 벌어 무사히 고향으로 가려는 마음으로 이곳 팔당 중 하나인 당을 찾아 안녕을 비는 모습이 그려진다.

　나는 요즘 서래섬인 세빛둥둥섬, 반포섬, 현재 음악의 섬이 된 노들섬, 선유도, 밤섬 등을 찾아다녔다. 그러던 중 옥수동 근처에 섬으로 풍광이 너무 아름다워 왕실 소유인 섬, 저자도는 당시 문신들이 섬 주위에 운치와 풍류에 취해 늘 즐겼다고 한다. 그러나 이 섬도 압구정동 아파트 택지로 모래를 퍼내어 사라졌는데 50년 만에 다시 살아났단다. 신기한 마음이지만 옛 모습은 없다. 서운함은 여전하다.

　여기는 강서구 가양동에 있는 소악루. 나는 소악루에 앉아 파노라마처럼 넓게 퍼져 흐르는 물을 본다. 이 강물이 강화만, 서해에 물머리를 들이밀면 바닷물인 조수가 한강으로 역류해 서로 머리를 맞대고 싸운단다. 두 물은 서로 밀리지 않으려고 기를 쓴다. 얼마나 소름 끼치도록 신비한 자연현상일까.
　주위는 고즈넉하다. 젊어서는 시원을 찾아 태백산을 넘나들던 내가 지금 강 하류에 앉아 감회에 젖는다. 강을, 한강을 찾는 나날들은 얼마나 눈이 부셨던가. 어느 하루 행복하지 않은 날들이 있었던가, 지금도 내 가슴엔 한강 물이 뜨겁게 흐른다.

　　　* 세느강 : 센(seine)강의 비표준어.

보람 있는 일

길 건널목 사거리다. "어머나! 선생님" 부르는 소리에 나도 "어머!" 하며 오랜만에 만남을 반가워했다. 내가 몇 년 전 미사리 초등학교에서 이야기 선생님으로 일할 때 교실 담임이었다. 나이 30대 초반 여자 선생님과 나는 수업하다 틈나는 대로 대화를 나누었다. 젊은 여선생님은 요즘 사회 유행대로 아이를 안 갖겠다고 했다.

물론 나는 요즘 세태를 이해한다. 아이를 키우는 것이 얼마나 힘든지도 잘 안다. 하지만 우리나라의 인구 절벽 문제의 심각성을 생각해서 나는 아기를 가지라고 권했다. 그리고 내가 살아온 아날로그 시대에 애들 몇 명씩 낳고 산 것도 힘들지만 반면에 애들로 인해 살아온 삶이 얼마나 기쁨으로 충만했는지를 알려주었다.

우선 아기를 보면 마음 자체가 천사인 듯 선해지고 아이가 자라는 과정에서 늘 신비로움을 느끼고, 그리고 아이에게 가는 그 정, 애틋한 모성애는 세상에서 가장 아름다운 감정이라고 말했다.

정말 내 경우를 생각해도 아이들이 건강하게 자라서 대학에 갈 때 첫 번이건 재수, 삼수건 아이들이 대학교에 붙을 때마다 그 희열은 세상에서 수십 년이 지난 지금 생각해도 눈물이 날 정도다. 지금도 아이들이 나한테 잘하건 못하는 것은 나중이고 우선 '너나 잘살아라' 하는 부모의 마음은 그 얼마나 성스러운지. 마치 우리가 잘되고 잘살기를 바라는 신의 마음일 것이라고 나는 기회 있을 때마다 얘기했다.

그런데 오늘 만난 선생님이 예쁜 여자아이를 데리고 있었다. 어린이가 딸이란다. 선생님은 내가 하도 지극정성으로 아기를 가지라고, 아가를 보면 어진 삶을 살 것이라고 여러 번 말을 해 이렇게 딸을 두게 되었단다. 어린 소녀는 5살이란다. 나는 아이가 너무 예뻐 만 원을 주었다. 어린 소녀가 부끄럼으로 얼굴이 빨개진다.

헤어져 엄마 손을 잡고 가는 어린 소녀의 옷자락이 바람에 나부낀다. 나는 나라를 위해 아주 조금 보람 있는 일을 했구나, 하는 생각으로 마음이 즐거웠다.

얼마나 좋을까

가을이다. 할머니가 나무 밑 긴 의자에 앉아 있다. 곁에는 강아지를 데리고 있는 두 젊은 여자가 각각 데리고 나온 강아지를 얘기하느라 정신이 없다. 그리고 곁에 앉아 있는 노인에게는 전혀 관심이 없다.

한 여자가 말한다. "얘는 너무 방방 뛰어서 걱정예요." 그러자 또 한 여자는 "우리 애는 며칠 전에 몸이 안 좋아 수술을 시켰어요. 그랬더니 입맛이 없는지 이것저것 줘도 영 안 먹어 걱정스러워요." 여자들은 끊임없이 강아지에 대해 말하고 강아지는 강아지대로 좋다고 들고 뛴다. 그리고 지나가는 사람들도 강아지들을 어르고 가지만 할머니한테 말을 걸거나 눈길조차 주는 사람이 없다.

할머니 집에도 어린애는 없고 강아지만 있다. 아들 내외가 귀엽다고 야단이다. 그리고 강아지에게 규칙적인 운동을 시키고 먹이는 것도 영양을 생각하고 주기적으로 건강검진도 시킨다. 그리고 강아지를 위한 여러 가지 장난감, 간식을 주며 신주 받들 듯한다.

며느리는 요즘 할머니가 음식을 너무 주어 강아지가 탈이 났다며 강아지 병이 난 것이 할머니 탓으로 돌린다. 어떤 때는 할머니가 심심해 강아지에게 손을 내밀면 "어머니, 애한테 스트레스 주지 마세요." 하며 며느리 목소리가 칼날이 되어 할머니 등덜미를 후려친다.

할머니는 혼자 흘러가는 구름을 보며 그리 멀지 않은 지난날을 생각해 본다. 개를 살찌게 키워 여름 복날 식구들 몸보신을 시켰다. 그렇지 않으면 개장수에게 팔아 소리 나는 물건을 사면 좋다고 해 양은 냄비들을 샀었다. 그리고 또 잊을 수 없는 것이 일이 있었다. 집이 단독주택인데 한낮이면 어른, 애들 할 것 없이 문 앞에서 논다. 할머니는 아랫도리의 옷을 안 입고 나온 어린 남자아이에게 다가가 "어구, 우리 대장, 고추 따 먹자." 하면서 어린이 고추를 따는 시늉을 하고 손을 입으로 가져가 맛을 보는 듯 쩝쩝했다. 그리고는 "이그, 지려라. 에이 퉤퉤." 하면 주위가 다 웃으며 같이 어울렸었다. 지금은 옷을 벗고 나오는 애들도 없고 또한 옛날에 하듯 할머니가 그런 행동을 하면 성 문제로 큰일이 날 것이다. 이제는 세상이 많이 바뀌어 개가 상전이요 아들딸이다. 할머니가 이런저런 생각을 하며 강아지들을 보자 젊은 여자들이 개를 안고 쌩하니 간다.

할머니는 아련히 멀어져 가는 강아지들을 아쉬워하는 마음으로 본다. 지금 저 강아지들이 애들이면 얼마나 좋을까. 엄마들이 강아지 대신 아들, 딸 손목을 잡고 저렇게 산책하러 나오면 얼마나 좋을까. 저 푸른 들을 강아지가 아닌 애들이 뛰어놀면 얼마나 좋을까. 나도 손주를 안아 봤으면, 손주 재롱을 보았으면 얼마나 좋을까. 저 강아지들 대신 애들이 뛰어와 "할머니" 하고 품에 안기면 얼마나 좋을까. 이러나저러나 요즘 아기들을 볼 수 없으니 이 노릇을 어찌하면 좋은가. 할머니는 혼자 복장을 찧는다. 그리고 애들 뛰어노는 모습, 애들 웃음소리가 들리는지 팔을 벌리고 고개를 끄떡인다. 낙엽이 우수수 날려 할머니 품에 소복이 안겼다.

봄비 1

　이른 봄, 메마른 대지에 비가 내린다. 나뭇가지들이 하늘을 향해 팔 벌려 환영한다. 풀도 물방울을 이리저리 굴리며 놀고 있다. 나는 산책을 한다. 비에 젖어 촉촉한 대지를 밟는 내 관절이 부드럽다. 그런데 이게 웬일일까? 금세 싸한 바람이 불더니 비가 눈이 되어 날린다. 하지만 하늘하늘 눈의 춤사위는 땅에 닿자마자 그대로 녹는다. 방금 내린 눈이 세상 떠나게 되어 울렁증을 앓는지 빛깔은 희고 창백하다.

　며칠 전. 밤마다 강물에 두껍게 덮인 얼음장이 '쩡~ 쩡~.' 하고 세차고 옹골찬 울림소리를 냈다. 울림에 울림을 더하는 얼음장의 소리는 겨울의 허리가 끊어지는 소리다. 얼음장의 울림소리가 들릴 때마다 주위 얼음은 둥그렇게 펴지는 공작 깃털처럼 굵게 가늘게 금이 간다. 이때 봄은, 물은 즉시 금이 간 틈의 사이사이로 스며든다. 그리고 물 분자 알갱이들은 한데 모여 서로서로 어깨를 맞대고 스크랩을 짜 몸을 있는 대로 크게 부풀려 견고한 얼음과 치열한 싸움을 벌인다.

　그동안 꿈꾸었던 새로운 세상을 일으키려 혁명하려는 봄. 여지껏 전제국가처럼 모든 것을 장악했던 왕처럼 견고한 겨울이 봄을 이겨 버티느냐 그대로 물러나냐, 물과 얼음이 한 판 승부를 겨루는 것이다. 결과는 뻔하다. 세월을 이기는 장사가 없는 것이다. 그 뒤로도 어둡고 응축된, 간간이 호통을 치며 매몰차게 새로운 세상을 허용하지 않는 겨울이었다. 하지만 여기저기 빳빳이 고개를 들고 일어서는 푸름을 어찌 감지하지 못할까만은 힘이 없기에 눈만 껌뻑거리는 것이다. 그래도 간간이 한때는 세상을 지배했다는 자존심을 잃고 싶지 않아 겨울이 품에서 마지막으로 눈을 날리지만 별수 없이 물에 녹아 동장군의 장렬한 최후만 보여준다.

　겨울은 이제 물에 떠도는 유랑 신세가 되었다. 물의 이빨은 악착같이 물에 떠도는 얼음 가장자리를 갉아내어 이 패잔병들을 남김없이 해치운다. 나는 겨울이 내부의 붕괴든 외부 압력이든 대항해 살아내려고 처절하게 몸부림치는 것을 보고 나는 산다는 것은 다 저런 것이지 하는 생각이 들었다.
　그래도 겨우 생명을 부지한 겨울이 마지막 보루인 냇가 가장자리에 구불구불 길게 얇게나마 얼음으로 진을 치고 남아 있다. 이 얼음은 한낮이면 반짝반짝, 희고도 맑아 눈이 부시도록 아름다운 환상의 세계를 보여주는 것이다. 겨울이 마지막으로 보여주는 예술작품이다.

　봄비가 계속 내린다. 겨울이 하얀 설움을 안고 스러진 자리엔 푸른 웃음과도 같은 은은한 쑥 향기 흐른다.

봄비 2

나는 비오는 날을 좋아한다. 일상적으로 빗소리 듣는 것이 나의 소소한 즐거움의 하나다. 평소에 숲에서 듣는 빗소리는 따뜻해진 가슴에 서정적인 감성으로 다가온다.

여우비는 은빛으로 꽂히는 빗줄기가 피아노 건반을 두드리듯 경쾌한 소리로 들린다. 또한 고즈넉한 밤에 지붕 창문 나뭇잎 꽃잎 풀잎 돌들에 떨어지는 빗물이 각기 다른 소리로 서로 함께 어우러져 만들어 낸 아름다운 하모니를 들으며 잠을 청한다.

어떤 때는 비가 억수같이 쏟아지는 날 컴컴한 하늘이 좌악~ 길게 찢어지며 주루룩 쏟아내는 하늘의 은빛 내장을 보면 두렵지만 신비로운 환상에 젖어 그 밤을 지새는 것이다.

오늘도 나는 침대에 누워 있는데 어디선가 아련히 꿈속에서 들리듯 동요 '구슬비' 노래가 들리는 것이다.

송알송알 싸리 잎에 은구슬/
조롱조롱 거미줄에 옥구슬/

나는 고운 노랫소리에 귀가 번쩍 띄어 일어났다. 창문 밖을 보니 봄비가 방울방울 서로서로 손을 잡고 노래를 부르며 내려오는 것이다. 이 노래는 축복의 언어로 대지 구석구석에 스며든다. 비 한 방울 한 방울이 거룩하고 고결해 나는 그냥 있을 수가 없어 산책에 나선다. 우산에 떨어지는 빗물이 입을 동글동글 모아 다음 구절을 노래한다.

"대롱대롱 풀잎마다 총, 총, 총
방긋 웃는 꽃잎마다 송, 송, 송"

가사도 예쁘고 빗방울 소리가 예뻐서 나는 다음 구절을 따라 부른다.

"고이고이 오색실에 꿰어서
달빛 새는 창문가에 두라고"

어머나! 이번에는 산과 들, 바위, 나뭇잎, 풀꽃, 냇물도 다함께 마지막 구절을 떼창으로 부른다.

"포실포실 구슬비는 종일
예쁜 구슬 맺히면서 솔, 솔, 솔"

노랫소리는 하늘에 먼 산에 메아리가 되어 길게 때로는 짧게 서로 주고받는다. 이 노래는 비 갠 뒤에 수정같이 맑은, 화사하고도 눈부신 세상을 만드는 주술 같다. 우리 모두 함께 부른 노랫소리가 비가 온 뒤 온 세상을 연분홍빛으로 빛나게 하는 선율이라 생각하니 얼마나 신기한가. 나는 이런 마음에 감흥이 일어 손바닥에 빗방울을 받으며 희열에 잠겨 본다.

봄비 3

봄비가 내린다. 먼지잼도 아닌 비. 구름이 실오라기처럼 풀려 하느작하느작 바람에 흔들리며 비가 내린다. 나직한 빗소리는 은은하고 정겹다. 비는 종일 산과 들을 다독이고 나무를 어루만진다.

냇물에 빗방울이 동심원을 그린다. 물방울 크기에 따라 크고 작은 원이 점점 퍼져 큰 원을 그리다 사라지고 또 그린다. 냇물은 꽃밭이요 동심원은 꽃이다. 빗방울 떨어질 때마다 피고 진다. 피고 지고 수없이 피고 지고. 아마도 올 한해 온 세상에 피고 지는 꽃보다 냇물에서 피었다가 지는 꽃이 더 많을 것 같다.

시간이 가자 비는 지절대며 내린다. 비는 잠을 깨라, 그리고 부지런히 움직여라. 생존이란 거저 얻는 게 아니다. 그리고 또 비는 말한다. '나' 비는 선 채로 죽어 네 몸 일부가 되어 또 다른 생명으로 존재할 것이다. 씨앗들아, 너를 파괴해라. 너 참모습을 찾아라. 병아리가 깨어날 때 줄탁동기 일어나듯 빗물은 네 껍질을 부풀릴 것이다. 너를 깨고 나오너라. 새가 아브락사스 신께 날아가기 위해 몸을 담았던 세계 전부를 깨듯 네 껍질을 벗어버리고 전혀 다른 모습으로 나오너라.

흙을 파거라. 바람이 이미 절반은 흔들어 파 놓은 흙이다. 흙을 파다 아프면 울어라. 목젖이 떨리도록 울어라. 네 울음소리로 우주가 태동할 것이다. 우주의 태동은 흐르는 물질인 비를 대지, 어둠 속에서 또 다른 물질과 결합하여 비물질인 에너지를 만들 것이다. 그 힘은 가히 상상도 하지 못할 폭발적으로 너희들을 탄생시킬 것이다. 나오거라, 싹들아. 처음엔 배밀이로 기어서 나오거라. 한 발 한 발 딛고 걸어서 나오거라. 함초롬히 접어 둔 두 손 쏘옥 땅 위로 솟아라. 허공엔 무수한 길이 있다. 길에 걸림이 있으며 굽어 에돌아라. 한 번 자리 잡아 머리 내민 곳, 그곳이 네가 꽃 피울 자리란다.

비가 그쳤다. 주위가 고즈넉하다. 서광의 빛, 햇살이 촉촉한 대지를 감싸고 돈다. 바람이 곱게 불어준다. 아! 귀한 존재들. 새싹이 세상에 나오자마자 눈물부터 단 것을 보니 나도 감격으로 눈에 눈물이 고인다.

영화, 슬픔은 그대 가슴에

봄비가 내린다. 비를 바라보니 공연히 슬프다. 이럴 때 나는 생각나는 영화가 있다. '슬픔은 그대 가슴에'. 내가 여학생 시절, 이 영화를 학교에서 단체로 보았다. 그리고 다음날 우리는 교실에서 친구들과 눈물을 흘리며 이 영화 이야기를 나눈 적이 있었다.

한 집안, 집주인 백인 모녀와 가정부로 일하는 흑인 모녀가 있었다. 백인 엄마, 흑인 엄마는 딸 하나씩 두었다. 백인 엄마는 배우가 되려는 꿈으로 늘 바빴다. 흑인 엄마는 누구에게나 헌신, 봉사하는 성품으로 이 집 모녀에게, 그리고 자신의 딸에게 지극정성을 다했다.

그런데 흑인의 딸이 백인 혼혈아였다. 외모도 백인과 비슷했다. 한창 사춘기인 흑인의 딸은 늘 백인과 어울리고 백인 같은 생활을 하는 것을 동경했다. 하지만 당시 미국은 흑백 차별이 아주 심했다. 흑인 엄마는 딸에게 흑인이면 어떠냐고 하늘이 주신 대로 순리대로 착실하게 살자고 했다. 하지만 딸은 내가 왜 차별을 당해야 하냐며 학교에 엄마가 나타나면 주위 친구들에게 자기 집 하녀라고 했다. 그리고 엄마에게 난 흑인이 아니라고 자기 뿌리 자체를 부정했다.

한 번은 흑인 딸이 흑백 차별에 억울해 하며 같은 또래 백인 아이 손목에 난 상처의 피를 보며 백인의 피는 색깔이 다른가? 하고 확인할 정도였다. 그리고 흑인 딸은 엄마의 만류에도 불구하고 주위를 속이며 백인으로 살아갔다. 한 번은 백인이라고 거짓으로 말하며 백인 남자와 사귀었으나 결국은 남자에게 처참하게 매를 맞고 버림받았다. 딸은 흑인인 엄마를 원망하며 집에서 가출했다.

흑인 엄마는 병에 걸렸다. 흑인 엄마는 자신의 명이 얼마 남지 않은 것을 알고 주위의 도움으로 딸을 찾았다. 딸은 나이트클럽에서 춤추며 생활했다. 엄마는 딸에게 이렇게 살아 행복하냐고, 진정 네가 원하는 삶이 이것이냐고 물었다. 엄마는 딸과 만남이 마지막이라 생각하고 딸에게 부탁해 딸을 안았다.

흑인 엄마는 죽었다. 장례식 때 운구차에 뛰어든 딸은 대성통곡한다. 용서해 달라고, 엄마는 내가 죽였다고, 엄마를 사랑한다고 엄마가 매일 보고 싶었다고 말하며 우는 장면에 모든 관객이 울었다.

한편 백인 모녀는 행복했을까? 자기 자신의 꿈을 위해 오직 달리기만 했던 백인 엄마. 배우 지망생으로 있을 때 사랑했던, 그리고 헤어졌던 그 남자를 다시 찾았는데 안타깝게도 이 백인 엄마의 딸이 이 남자를 좋아하고 있었다.

엄마는 딸에게 그 남자랑 헤어지겠다고 하니 딸은 연극 말라고 엄마를 비웃는다. 엄마는 딸인 너를 위해 모든 것을 바쳤다고, 딸은 나는 늘 외로웠다고 한다. 이 영화는 부모가 언제나 자식 키우는 것에 실패를 인정하고 가슴을 앓는 엄마 모습과 자식은 성숙하지 못해 부모 가슴을 멍들게 하는 안타까우면서도 애틋한 영화다.

이 영화에서 또 하나 잊을 수 없는 것은 흑인 엄마를 장례 치르는 교회에서 가수 마할리아 잭슨이 부른 노래, '힘한 세상(Trouble of the World)'이다. 세계 삼대 슬픈 장면의 하나로 꼽힌다는 미국의 흑인영가, 그리고 가스펠의 여왕인 이 가수가 부르는 장면은 세계의 관객들의 영혼을 울렸다고 했다.

절대적인 슬픔, 아픔을 겪은 흑인들이다. 그들의 비통한 심정을 웅장하고도 장엄한 저음으로 우리에게 전달하는 가수의 흑인영가는 얼마나 우리 가슴에 울림을 주었는지 모른다. 그리고 그들의 눈물은 우리 삶을 촉촉이 적셔 마음을 차분하게 가라앉히고 편안과 안식을 주었다고 한다.

나는 이 영화를 보고 내 엄마 생각이 났다. 나도 영화의 내용처럼 저렇게 엄마 생각과 어긋나는 삶을 살아 엄마 속을 많이도 태웠겠지 하는 생각에 눈물을 펑펑 쏟아냈다. 영화 보고 울고 엄마 생각에 울고. 나는 비 오는 날 실컷 울고 나니 빗소리가 엄마의 자애로운 손길 같아 나는 스르르 잠이 든다.
　계속 내리는 비는 자장가 소리다.

봄을 부르는 삼대 모녀

바람이 몹시 불고 날이 차다. 이 추운 날 딸과 외손녀가 왔다. 시청에 볼일이 있는 모녀가 시청 근처에 사는 어미를 보러 들린 것이다. "너희들 어인 행차냐?" "엄마, 바람이 몹시 불어요." "할머니 저 바람에 쓰러지는 줄 알았어요. 할머니 나가시면 큰일나요."

나는 지금 그럴 때라는 것을 경험해서 안다. 산도 강물도 나무도 바람에 엎어지고 뒤집히고 할 때다. 응결되고 고착된, 얼고 굳은 대지를 풀려면 고운 바람으로 될 일이 아니다. 봄이 오는데 그 징조가 어찌 없을 수가 있을까. 날마다 하루에 수천 번 거센 바람이 휘몰아쳐야 대지가 열려 봄이 들어설 자리가 생길 것이다.

나는 전에 심한 태풍을 겪어본 일이 있다. 그때도 바람이 심하게 불어 감히 나갈 엄두도 못 내고 있었다. 그러나 꼭 가야 할 일이 생겼다. 그런데 그곳이 허허벌판인 바람의 언덕을 지나야 한다. 나는 그 언덕을 오르는데 어찌 바람이 센지 날아갈 것 같았다.

그리고 그곳에서 꽃나무의 처참한 꼴을 보았다. 그때는 꽃샘바람인 모양이다. 활짝 핀 거대한 목련나무가 바람에 흔들리는데 핀 꽃이 떨어지는 정도가 아니다. 잔가지는 꺾어지고 큰 가지가 이리저리 휘둘려 땅을 치다 일어나고 일어나면 또 휘둘리고 종일 바람에 시달리고 있었다.

나는 그 나무를 보며 안타까운 마음에 "그래 살기나 해라. 꽃이야 또 피우면 되고 잔가지가 꺾어진다 해도 굵은 줄기는 남겠지. 어떻게 하든 나무야 견뎌내라." 하면서 나무를 응원해 준 적이 있었다. 나는 그때의 바람을 잊을 수가 없었다.

지금 밖의 세상과는 다르게 나의 방은 따뜻하고 훈훈하다. 나는 젊은 모녀의 얼굴을 사랑스럽게 보고 있다. 보고 또 보아도 정겹기 그지없는 딸과 외손녀. 모녀도 나에 대한 호칭인 엄마, 할머니를 번갈아 부르며 이야기하느라 정신이 없다.

때론 이 모녀가 흥분된 목소리로 말을 하다가 다시 잔잔하게 이야기가 흐르면 나는 듣기 좋은 음악 같았다. 이야기가 너무 웃길 때는 세 여인이 배꼽이 빠질 정도로 하하하 웃고 손뼉을 친다.

감기 든다고 아이들 만류에도 불구하고 셋이서 산책했다. 바람이 분다. 나무 곁에 서서 나무와 풀 나도 얘들도 바람에 흔들렸다. 봄이 내 마음에 꽃 피게 하려면 나 역시 어느 정도 빛과 바람이 필요하고 몸도 좀 흔들려야 할 것이다. 구불구불 누운 외길이 바람에 흔들려 뱀이 스르르 움직이는 것으로 착각이 든다.

냇물이 출렁인다. 일렁이는 우리의 가슴에도 봄을 맞는 편지를 담은 작은 배 하나씩 띄운다. 다음에 모인 모녀 삼대는 꽃으로 눈이 부시고 장글장글, 고물고물, 어린 연둣빛 나뭇잎에 마음이 환장할 것이다. 지금 모녀 삼대는 마냥 행복한 모습으로 헤어질 줄 모르고 오는 봄을 맞고 있다.

-24년 3월 4일 아침에 씀

봉숭아 꽃물

　길섶에 봉숭아꽃이 피었다. 빨간색 꽃은 풍성했다. 나는 봉숭아 꽃을 보면 "울 밑에선 봉선화야, 네 모양이 처량하다." 하고 노래를 부르며 시름을 곱게 풀어냈던 돌아가신 이모와 엄마가 생각났다. 나는 꽃을 한 움큼 땄다.

　저녁에 남편의 도움을 받아 내 엄지발톱 2개, 양쪽 손톱 5개씩 봉숭아 꽃물을 들였다. 한 번 들이면 색이 흐리고 3번 이상이면 자지러진 빨간색이 나올까 봐 두 물만 들였다. 봉숭아 꽃물은 예쁘게 들었다. 나는 봉숭아 꽃물 든 손, 발톱을 자주 들여다보았다. 식물과 동물이 하나된 것이 신기하다.

　며칠 뒤 나는 맑은 물이 철철 흐르는 산 계곡물에 앉아 손과 발을 담갔다. 흐르는 물결에 어머나! 물속에 잠겨진 손톱 발톱이 이리저리 꼼질꼼질 움직인다. 비늘도 꼬리도 없이 새로운 종의 물고기 12마리가 탄생된 것이다. 얼마나 신기하고 재미있는가. 나는 한참을 물고기를 보며 놀았다. 이번에는 건져낸 손을 숲속 허공에 대고 물을 터니 내 빨간 손톱은 푸른 숲에 작은 꽃잎이 되어 하늘거린다. 손톱 꽃? 또 신기한 마음으로 봉숭아 꽃물 든 손톱을 보았다.

어느새 가을이다. 세월이 얼마나 빠른지 모른다고 누가 말하기에 나는 봉숭아 꽃물 든 손가락 가만히 내밀었다. 반이나 남은 빨간빛 여름이 손톱 위에 앉았다.

나는 손톱 발톱을 자른다. 자른 손톱을 가만히 보았다. 어디서 많이 본 모습이다. 구연동화를 할 때 애들, 좋다고 웃는 그리고 우는 아이들의 입이 생각났다. 나는 글 몇 자를 적었다.

봉숭아 꽃물 든 잘린 손톱/
손톱 둥근 모양 아래로/ 양 끝이 올라가니/ 호호 웃는 꽃//
둥근 모양이 위로/ 양 끝이 처지니/ 삐쭉삐쭉 울음꽃//

손톱을 자를 때마다 나는 흰 종이에 손톱을 쓸어 담아서 모았다. 어느 날 나는 하얀 종이에 반 둥근 모양의 손톱들을 2, 3줄 겹겹이 서로 마주 보게 놓고 접착제로 붙였다. 그리고 찔레꽃 향이 나는 향수를 살짝 뿌렸다. 내 생전 처음 보는 빨간 찔레꽃이다. 으레 생물체에서 버려지는 것은 냄새나고 더러운 것인데 이렇게 향기 나는 예쁜 꽃이 되었다.

겨울이다. 첫눈이 온다. 흔히 말하길 봉숭아 물든 손톱을 마지막으로 잘라 던지면 첫사랑을 얻는다는데 그것은 꿈같은 이야기다. 하지만 첫사랑이라는 말이 싫지가 않다. 내가 던진 손톱은 하얀 눈에 빨간 초승달, 낮달이 되어 잠깐이나마 마지막 생을 살 것이다.

노 부부의 하루

 동네에 작은 공원이 있다. 동네 노인들이 공원에 모여 담소를 나눈다. 이 공원 한쪽에는 눈에 띄는 60대가 넘은 중년 부부가 있다. 여자는 중풍을 앓아 몸이 많이 불편한 상태고 남편인 남자는 아내를 보살펴 준다.

 전기, 보일러 고치는 일을 전문으로 하던 남편이었다. 아내가 병을 앓고 있으니 남편은 가게를 접고 요양보호사 자격증을 따서 아내를 보살피는 것이다. 남편은 집 근처의 단골집 여기저기서 간단한 일거리를 주문하면 일을 마친 뒤 시장을 본다. 그리고 소뼈나 꼬리를 사서 푹 고아 아내에게 장복을 시킨단다. 주위 분들이 아내를 요양원에 보내라고 권한다. 그랬더니 남편 말이 아내가 요양원 들어가는 날부터 먹지도 않고 울기만 해 어쩔 수 없이 데리고 나왔단다.

 남편은 아내에게 무슨 음식인지 열심히 먹이고 입 주위를 닦아주고 등을 쓸어 준다. 아내의 얼굴은 중풍으로 균형을 잃었지만 고운 티가 남아 있다. 남자는 여자의 손을 잡고 걸음마를 시킨다. 남자가 아내에게 '하나' 먼저 하면 여자가 따라 한다. 남편이 '둘', 부인도 '둘', '셋' 하면 '셋' 두 사람은 비틀거리며 공원을 한 바퀴 돌고 쉰다. 이렇게 생활한 지 몇 년째란다.

공원 주위에는 여름꽃이 한창이다. 장미, 접시꽃, 봉숭아, 분꽃, 채송화 꽃 등등. 남편이 씨를 뿌리고 돌보는 꽃들이다. 아내가 꽃을 아주 좋아해 아내를 위해 꽃을 피운단다. 그중에는 봉숭아꽃이 흐드러졌다. 하루는 공원에서 일이 벌어지고 있다. 여러 사람의 도움을 받아 남편은 아내의 손톱에 봉숭아 물을 들여주는 중이다.

실로 동여맨 열 손가락을 보는 아내는 무척이나 좋은 듯 종일 웃고 있다. 다음날 여인의 손톱이 빨갛게 물이 들었다. 여인의 얼굴이 환하다. 남편은 물수건으로 아내의 얼굴을 손을 열심히 닦아주고 있다. 해거름녘, 집으로 들어가는 두 늙은 부부의 등에 마지막 넘어가는 햇살이 가늘게 비춰 준다. 서로의 존재만으로 빛나는 하루의 삶이 조용히 막을 내린다.

비 오는 날 엄마 생각

요즘 날이 툭하면 비가 내린다. 이른 봄이라 그런지 나는 영 밥맛이 없다. 나는 밥반찬으로 젓갈을 좋아한다. 젓갈은 간장게장, 조개젓, 어리굴젓, 명란젓, 창란젓, 아가미젓 등등. 양념으로 아무것도 없으면 참기름 한 방울 떨군 육젓, 새우젓에 물 말은 밥에 얹어 먹는다. 예전에는 으레 봄이면 꼴뚜기, 황석어를 절여 수시로 양념해서 먹고 황석어는 장마철에 풋고추와 마늘 파를 얹어 쪄서 먹는 최고 반찬이다.

요즘 입맛이 없길래 마트에서 어리굴젓을 시켰다. 흰 밥에 빨간 어리굴젓을 비벼 먹는 생각을 하고 군침을 흘리며 기다렸다. 병에 든 어리굴젓을 따 맛을 봤다. 웬일인지 제대로 된 맛이 아니다. 굴의 향도 없고 상큼하지도 않다. 나는 "무슨 맛이 뭐 이래" 하며 툴툴댔다. 아마도 내가 입맛이 없나 보다. 나는 밥 수저를 놓았다.

오래전 일이 생각난다. 이른 봄에 비가 오는데 엄마가 모처럼 내 집에 오셨다. 나는 후줄근한 엄마를 위해 미역국에 생선 나물 고기 등 반찬을 열심히 해서 놓았다. 나는 엄마가 내가 해준 반찬을 맛있다 하면서 드실 줄 알았는데 엄마는 이 반찬 저 반찬 맛을 보더니 이것은 왜 이리 짜냐, 떫으냐, 쓰냐, 시냐 하시며 일일이 타박을 놓는다.

나는 발끈 화를 내며 "엄마 왜 반찬 투정을 해." 하며 성질을 내며 말했다. 엄마는 민망해 하시며 억지로 몇 숟갈 뜨더니 수저를 놓았다. 아마도 엄마가 지금의 나처럼 그때 입맛이 없었나 보다. 내가 그때 "엄마 음식을 잘못했나 봐. 내가 입맛에 맞게 다시 할게." 하고 참기름 깨소금 등 조물조물 무치는 시늉이라도 해서 다시 상을 봐 엄마를 달래 드렸으면 얼마나 좋았을까. 입맛 없는 어머니를 다독이며 요즘 몸 상태 마음의 상태를 묻고 맛없어도 더 드시라고 살갑게 대해 드렸으면 얼마나 좋았을까. 엄마는 속을 터놓고 딸의 위로를 바랐을지도 모르는데.

또 한 번은 음식 잡채가 번거로워 나는 자주 콩나물을 볶아 당면하고 양념한 콩나물 잡채를 했었다. 언제 한 번은 엄마가 "얘야, 네가 한 콩나물 잡채를 먹고 싶다." 나는 대답만 "응" 하고 무엇이 바쁜지 돌아다니다 잊어버렸다. 지금도 그 생각만 하면 마음이 언짢다. 어디 한두 가지뿐이랴. 해서는 안 될 말을 퐁당퐁당 입을 놀리고 했으니 그 당시 듣고 있는 엄마 마음이 어땠을까. 지금 생각하니 전부 죄다. 그 죄가 산처럼 쌓였을 것이다. 속죄하는 마음으로 아무리 통곡하며 용서를 빌어도 돌아간 엄마는 말이 없다.

오늘 비가 내린다. 빗방울은 봄의 생기를 위해 마른 풀 마른 나뭇잎 사이사이로 스며든다. 나의 봄비도 여지없이 메마른 목을 타고 흘러 내 가슴을 적시니 그리움의 서럽고도 반가운 엄마 얼굴이 새파란 움 돋듯 한다. 아는 척 잘난 척을 했던 나의 지난날의 어리석음을 반영하는 물그림자 위 엄마의 서글픈 미소가 애잔하다.

봄마다 도지는 병, 그리움의 병. 밤에 꿈을 꾸면 엄마를 볼 수 있겠지. 엄마 부르는 목소리, 엄마 생각에도 물기가 젖어 촉촉하다.

산곡천

경기도 하남시는 물의 도시다. 한강이 여러 갈래로 갈라져 이곳 저곳을 흐르는 개천은 하남시의 실핏줄이다. 이 실핏줄인 개천은 하남 시민의 정신적인 안식처다. 오늘도 나는 검단산 자락을 안고 도는 산곡천을 찾았다.

물의 자정 능력이 뛰어나 계속 내리던 폭우가 잠깐 멈췄다고 흙 탕물은 어느새 깨끗해졌다. 나는 물 가운데에 있는 커다란 징검다 리 돌 위에 앉아 물에 발을 담그고 있다. 철 철 철 흐르는 물이 돌에 부딪혀 하얗게 부서져 물줄기에서 물방울이 천지로 튄다. 물은 내 찌든 때, 나이도 '와사삭' 부셔 함께 흐른다. 마음이 정말 시원했다.

나는 전에 늘 서울, 살곶이다리를 건너다녔다. 다리 밑에 흐르는 물을 보고 아득한 앞날, 미지의 동경을 떠올리며 컸다. 늘그막에는 한강 옆에서 산다. 지금도 강물을 보고 있으면 유사 이래, 오랜 세 월 백 년도 못사는 인간이 천만 년을 살 것 같이 욕심을 부리다 영욕의 한이 맺혀 그 흐느낌이 들리는 듯 만져지는 듯 한강을 본다.

내가 앉아 있는, 조금 떨어진 물속에서 젊은 부부가 아가 둘과 함께 놀고 있다. 물속에서 아가와 걷기도 하고 부부가 물을 서로 뿌리며 노는 모습이 행복해 보인다. 물론 보는 나도 즐겁다. 물속에서 즐기는 나. 그리고 젊은 부부는 모처럼 보내는 이 하루로 마음이 힐링되어 생활이 좀 어렵더라도 삶이 메마르지 않을 것이다.

나는 둑 위 의자에 앉았다. 흐르는 물을 따라 눈길을 보내니 검푸르게 우람진 검단산이 물과 어우러져 좋은 경치를 이루고 있다. 한가한 마음으로 시간이 가는 줄도 모르는데 아는 분을 만났다. 나는 준비된 차 한 잔을 드렸다. 산 좋고 물 좋고 차 향기 좋으니 사람은 절로 좋다. 이럴 때는 누구를 보든 진실하고 성실한 마음으로 대하게 된다.

이렇게 하루를 보내니 내 마음이 깃을 벌려 하트를 만들었는지 내가 하는 말마다 예쁘다. 집으로 돌아가는 길에 만나는 분들께 고운 말씨로 안부를 전하고 예의를 다하니 그들도 나에게 함박웃음을 전해 준다. 나는 오늘 사는 모습이 '잃어버린 지평선'에 나오는 샹그릴라라는 지역의 이상향의 삶이란 이런 것이지 하는 생각이 든다. 이래저래 산곡천에서 잘 보낸 하루. 더도 덜도 말고 내 사는 것이 오늘 같기만 해라는 마음이 든다.

딸기값 3만원

속절없이 가는 봄에 비까지 내린다. 나뭇잎들 어망에 갇힌 물고기처럼 자맥질로 바쁘다.

나는 오늘 감기로 병원에 가는데 청춘이 딸기를 팔고 있다. 딸기는 노상에 비닐이 씌워져 있고 총각은 남의 집 귀퉁이에 서 있다. 사람 오가며 딸기를 보는 눈보다 총각이 오가는 사람을 행여나 하는 마음으로 보는 눈이 비에 져가는 꽃보다 더 간절하다.

비닐 씌운 빨간 딸기가 영산홍 꽃이 되어 비를 맞아 떨고 있다. 나는 차마 그냥 지나치지 못해 딸기를 본다. 딸기가 싱싱하지 않다. 하지만 딸기도 딸기지만 청춘의 애틋한 눈길이 마음에 더 걸렸다. 나는 그냥 지나치면 내 마음이 아플 것 같아 딸기 앞에 섰다. 한 무더기 담고 총각을 본다. 총각이 안도의 숨을 쉰다. 두 무더기 담으니 총각의 입이 벌어진다. 세 무더기 담으니 빗속에 총각이 춤이라도 출 것 같다. 더 사고 싶지만 내 형편 생각도 해야지. 그래 삼만 원이다. 이 삼만 원으로 잠시나마 청춘의 마음이 덜 시려한다면 내 돈 아까운 감정을 눈감을 수도 있다.

접은 돈 삼만 원이 총각 주머니에서 종잣돈이 되기를 바라며 푸른 숲 터널을 지나간다. 발걸음이 가볍다. 한편으론 나 먹자고 산 것인데 5만 원도 안 되는 삼만 원 갖고 무슨 엄청난 좋은 일인 것처럼 행세를 하나 생각하겠지만 그래도 이 좀팽이 할머니가 큰 선심 쓴 것은 사실이다.

누가 아나 돈 삼만 원 종잣돈으로 총각이 앞으로 하고 싶은 사업에 마중물이 되어 투자된다면 30만 원이 되고, 이 30만 원으로 300만 원이 될 것이다. 그리고 또, 또, 또 돈이 불어난다면…. 다 그렇게 시작해서 사업을 일으키고 나중에는 우뚝 선 재벌기업도 될 수 있지 않나? 나는 마치 총각의 성공이 눈에 보이는 듯했다.

하염없이 지는 꽃에 비까지 내린다. 나는 3만 원으로 나중에 성공한, 나이 먹은 총각의 환한 얼굴을 딸기 위에 얹고 간다. 지는 봄이 덜 아쉽다.

―2023년 4월 25일 저녁

별이 된 동백꽃

봄의 혈맥이 요동을 치니 찬 날씨 변화를 종잡을 수가 없다. 사는 게 힘겨웠는지 떨어진 동백꽃 한 송이 숨을 몰아쉬고 있다. 나는 꽃 핀 동안 즐겼기에 떨어진 꽃송이를 내 무릎 위에 놓았다. 떨어진 꽃송이는 형태가 그대로이며 붉은빛이 고왔다. 시간이 좀 가니 자지러진, 투명해진 잎에 내려앉은 별뉘가 화사하다.

천기는 얼마나 소식이 빠른지 부고장이 도달하기도 전에 마당 도린곁에는 이미 고물고물한 톳나물 등 파란 문상객이 보이고 아침 이슬로 눈물 닦는 냉이, 꽃다지, 그리고 산수유꽃은 많이 울어 눈이 노랗게 통통 부었다. 그리고 상복 입은 매화꽃이 부조(扶助)로 향기를 먼저 보내왔다.

나는 전라도 한려수도를 간 적이 있었다. 충무공의 제승당을 다녀 돌아오는 길에 한쪽에는 너른 바닷물이 출렁이고 한쪽에는 산인데 산에는 붉은 동백꽃이 함빡 피었다. 그런데 산에만 피어 있는 것이 아니라 땅바닥에도 붉은 동백꽃이 새로 핀 꽃보다 더 붉게 깔렸다. 바로 꽃이 송이째 떨어진 낙화였다. 떨어진 동백꽃은 꽃잎이 도톰하기에 한동안은 땅에서 새로 핀 꽃처럼 아름다웠다.

그 후로 나는 동백꽃을 좋아해 집에서 동백꽃을 키웠다. 추운 겨울에 동백꽃이 피었을 때는 내 마음이 환했다. 그런데 겨울이 끝날 무렵 꽃이 시들기도 전에 꽃이 송이 채 떨어진 것이다. 평소에 집안이 꽃으로 환했기에 꽃 진 집안은 우물 속 깊은 물처럼 차고 고요했다. 내 마음도 우울했다. 나는 져버린 동백꽃을 정성스레 장사지내 주고 싶었다.

동백꽃을 들고 길섶에 나서니 어느새 나뭇가지마다 조문 표시로 연두색 리본을 달았다. 갈대는 머리를 풀어 헝클어진 채 산발이 되었고 새로 나온 풀들도 가는 몸을 흔들며 서러워한다. 며칠 지난 밤이다. 나는 동백꽃이 다 떨어진 빈 나무를 보며 허탈한 심정이 되었다. 밤하늘을 보니 깊고 검푸른 밤, 방금 새로 탄생된 아기별인가? 유난히 반짝이는 별 하나가 있다. 별은 나를 보고 나도 별을 본다. 인연인가? 하는 생각이다.

새해 첫날

새해 첫날, 딸이 엄마 점심 사준다고 해서 같이 나갔다. 엄마를 보고 환하게 웃는 딸 모습에 눅눅했던 마음에 햇살이 돋친다. 새해라 그런가, 흰 눈 위에 구르는 황금빛 햇살로 세상이 밝다.

딸이 밥을 사주고 갔어도 남편과 함께 보낸 새해 첫날이 생각났다. 나는 그래도 새해 첫날인데 그냥 보낼 수 없어 늦은 저녁에 포도주 잔 두 개를 준비했다. 잔 하나는 내 것이고 또 다른 잔은 간간이 꿈에 찾아주는 남편 것이다.

유리잔에 포도주를 담았다. 형광등 불빛으로 자색 빛깔이 예쁘다. 나는 양손으로 잔 하나씩 들고 "브라보! 새해를 위하여" 하며 잔을 부딪치니 '쨍~' 소리가 영롱하다. 차고 냉철한 돌 속에 어느, 누구의 어떤 마음이 있길래 이런 작은 자극에도 고운 울림을 주는지. 찰랑거리는 보랏빛 술잔을 보며 잠시 생각에 잠긴다.

나는 술 한 잔하려는데 안주가 없다. 새우젓 무친 것은 있다. 혼자 살아도 너무했다. 나는 포도주 안주에 새우젓? 그것도 재미있다고 생각했다. 이하의 시 '장진주'에 나오는 안주가 용 삶고 봉황구이가 나온다. 나도 이 새우젓을 용, 봉황의 안주라 생각하고 한잔한다. 술 한 모금이 혀끝에 닿아 짜르르하다.

몇 모금 마시니 온몸이 떨린다.

나는 화끈거리는 얼굴을 보듬고 거울을 본다. 얼굴이 다홍빛이다. 지금 나는 이 방에 하늘거리는 복사꽃 한 송이다. 이렇게 예쁘게 핀 꽃으로 남편 술잔에 다가가 술을 권한다.

"이 바보 신랑아, 잔 비우지 않고 뭐해요. 술이 그냥 있잖아. 그럼 내가 대신 마셔 줄게." 몸 세포 틈으로 스며 퍼진 알코올은 나이가 무색하게 기운이 부풀어 만용을 부린다. 나는 붕 뜬 기분이 되어 중얼거린다.

"새해 첫날이 뭐 대단한 날이라고 난리야." "그냥 오늘, 평범한 날이야. 오늘 지나면 내일이 오고 또 내일이 내일이…" "구름이 흐르고, 바람이 흐르고, 내가 태어난 서울 한강 물도 흐르고, 나도 흐르고." "아니 나만 변했고 딴 것들은 늘 그 자리에 있는지도 모르지. 흐르기는 하는데 다시 보면 늘 같아, 착시현상인가?"

"하긴 어릴 때 오색으로 빛나는 무아지경의 프리즘도 어둠 속의 광선 작용일 뿐이지." 우주는 무한한 광대무변. 또한 어마어마한 우주에 한 털만도 못한 존재인 내가 광대무량의 심오한 이치를 알아보겠다고, 내가 머물 낙원을 찾겠다고 평생을 해갈하며 지냈으나 결국은 찾은 것이 내 조그만 방. 이 방이 무릉도원이고 지상낙원인 것이다.

나는 혼자서 중얼거렸다. "그래도 나는 어디까지나 나. 초라하고 작지만 하나의 독립된 존재, 사유하는 주체로 나는 대단해." 나는 계속 읊조렸다. "천상천하유아독존. 나는 나를 위해 존재하지. 내가 있기에 모든 사물이 존재하지. 신조차도…" "그러니 내가 소중하고 존귀하다는 것이야. 그러니 어떠한 환경 조건에도 굴하지 않고 혼자서 앞날을 당당하고 멋지게 살아갈 거야."

나는 작은 몸을 흔들면서 기염을 토하는 희망찬 포부는 활화산처럼 뜨겁다. 혼자 처연하게 독야청청한 기세로 울리는 목소리는 곳곳에 도처마다 송알송알 핀 서리꽃에 아롱다롱 서린다. 조용한 밤 고요한 밤. 새해 첫날인 침묵의 밤이 고요히 흐른다. 눈이 곱게 날려 어둠을 싸안는다.

12월은 속죄의 밤

 1월, 새해에 태양이 유난히 밝다. 2월, 나뭇잎 숨결이 바람에 얹혀 흐른다. 3월, 은은한 봄밤의 향기로 가슴 설렌다. 4월, 으스름 달밤 아래 홀로 핀 진달래꽃의 아련한 모습이 몽환적이다. 5월, 영롱하고 화사하고 향기롭다. 6월, 연두색 빛이 진초록으로 마구 달리는 잎들 살이 올라 도톰하다.

 7, 8월, 광활한 넘치는 우주의 에너지로 살아있는 것, 광란의 질주로 생의 절정을 달리는 달이다. 9월, 열기와 흥분을 가라앉힌 산은 차분하고 나무들 꽃들은 열매를 맺는다.

 10월, 채소밭엔 무 배춧잎이 함초롬하다. 숲속을 걷고 책을 읽는다. 때론 그림 전시회를, 음악회나 피아노 콘서트에 가 본다. 이런 예술을 감상하는 것은 시나 수필 외 또 다른 상상력의 표현인, 생소하게 다른 장르가 녹아 있는 언어로 우린 한층 더 격조 높은 삶을 살 것이다.

11월, 어딘가 가고 싶다. 지방 곳곳의 숨어 있는 아름다운 비경을 보고, 또한 마음을 홀라당 뒤집는 홍건적보다 더 붉게, 빨갱이보다 더 새빨갛게 물든 단풍잎을 본다. 나는 이럴 때 아름다움으로 자리를 뜨지 못하고 한동안 머물면 나뭇잎을 물들인 물질이 내 마음에 빨간, 노란 물감을 통째 던져 내 혼신을 함빡 물을 들여 나도 단풍이 든다.

그리고 낙엽 지는 모습을 보면서 생이란 다 저런 것이지 하며 나는 별안간 철학자가 된 듯 나는 누구인가? 어디까지 왔나? 앞으로 갈 길은? 줄줄이 밀려드는 심오하고 깊은 상념의 늪에서 허우적거린다.

12월은 왠지 바쁘고 수선스럽다. 그리고 첫눈을 보면 내가 사는 세상이 이렇게 아름다운가, 하고 꿈결같이 흐른 세월을 새삼 돌아보며 감회에 젖는다.

'고요한 밤 거룩한 밤'의 노랫소리가 아련히 들리는 크리스마스 이브 날. 나는 친구 따라서 교회에 간다. 목사님의 설교에 예수님이 우리 죄를 다 안고 돌아가셨기에 우리는 평생을 죄 없이 가볍게 살 수 있단다. 그게 말이 되나? 하지만 그래도 참말이건 빈말이건 간에 예수님께 감사한 마음이 들었다. 그리고 내 죄가 컸기에 예수님 어깨가 더 아프셨을 것이라는 생각에 나는 기도 시간에 "예수님 죄송합니다. 그리고 감사합니다."라고 성심껏 기도를 드렸다. 하지만 교회에 나오면 나는 또 무신론자다. 그래도 12월 한 해 마지막 밤은 평생 사는 동안의 수미산만큼 쌓인 죄를 신께 비는 속죄의 밤을 보낸다.

신 록

　어리기에 순하고 보드랍고 연하고 영롱하고 나붓한 어린잎, 나는 꽃보다 신록이 더 예쁘다. 하지만 맛은 아마도 씁쓸하고 아릿할 것이다. 화사하게 날아서 온 봄의 화신이 아니라 거칠고 험한 땅을 맨몸으로 배밀이를 하면서 아귀처럼 기어왔을 것이다. 얼마나 아프고 힘들었으면 이렇게 투명하도록 맑은 물빛을 지녔는지 도의 경지를 넘어선 순수라고 생각된다. 앞으로 우리에게 삶의 희망과 꿈을 주는 미의 여신 같다.

　봄에 부는 바람은 여지없이 나에게도 불어 흔들리는 가슴 주체하지 못해 3월에 동호회원들과 한강 서래섬으로 갔다. 강가에 쭉 길게 늘어선 버드나무는 한강 물에 그림자를 드리우며 서 있다. 버드나무의 긴 가지가 어린 잎을 달고 일제히 물을 향해 포물선을 그리고 있다. 나는 이 모습이 너무 예쁘고 멋져 멀리 신록 아래에서 걷는 사람을 보면 꿈꾸듯 다른 세계에 와 있는 것 같았다.

어느 시인의 마음이 환장할 것 같다는 글귀가 바로 내 마음이다. 그리고 신록 아래에서 무슨 미움과 질투가 있겠느냐는, 세상에서 가장 힘이 센 그 어떤 거친 폭력, 어느 제국 왕의 권위도 보드랍고 연한 아름다움 앞에선 머리를 숙일 것이라는 글을 읽은 적이 있는데 정말 그 말이 맞는 것 같다.

신록 아래 한참을 머물면 아무리 철천지 원수라도 서로를 용서하고 사랑하는 마음이 생길 것 같다. 또한 땅 밑에 스며드는 신록의 향기로 지옥에 있는 사람들도 봄을 즐기는 고운 심성으로 서로를 보듬을 것이라는 마음이 든다.

나는 또 가야산으로 여행했다. 산속 깊숙이 들어가자 썩어가는 생물의 발효된 냄새가 구수하게 코를 찔렀다. 들에 신록과 달리 첩첩산중에는 꽉 찬 나무들이 폭발하듯 뿜어내는 연두색 빛에 풍덩 빠져 나는 아! 하고 탄성을 질렀다. 햇살에 입을 대고 해롱거리는 어린 나뭇잎. 해맑고 포근한 신록 모습에 나는 넋을 잃을 정도다. 너무 아름다웠다.

방금 나온 나뭇잎의 빛깔이 담녹색. 은은히 연두색 빛이 감도는 맑은 물빛이다. 나는 이처럼 고운 빛깔은 도대체 어디에서 나왔을까? 아마도 저 멀리 바닷물이 용오름으로 승천하여 밤하늘 미리내에 머물다 설산을 넘어 흐르는 계곡의 물. 옥가루 부셔 넣은 옥수에 몸을 담가 물들인 빛이라는 생각이 들었다.

그런데 비가 온다. 주룩주룩 온다. 파릇파릇 막 솟은 여린 나뭇잎들이 비에 젖어 떨고 있다. 나는 이런 모습에 애련함이 감돈다. 그리고 하나씩 물고 있던 물방울이 찰랑거리다 우수수 떨어지는 모습도 더할 수 없는 진풍경이다. 나는 여행 중 비가 내려 불평했는데 해가 비칠 때보다 오히려 각종의 형태와 색깔로 신비를 보이는, 구름과 운무 속에 참하고 수줍은 듯 차분한 잎의 모습이 묘하게 마음을 끌었다.

어느새 해인사에 도착했다. 신록(新綠)을 동장군의 두꺼운 갑옷을 뚫고 나온 신록(神綠)이라고 누구는 말했다. 나는 연두색 빛으로 흠뻑 물들인 몸을 부처님 앞에 가장 낮게 엎드렸다. 스님의 독경 소리를 들으며 부처님께 영원히 젊음을 유지하며 살 수 있게 마음을 연두색 빛으로 흠뻑 물들게 해주십시오, 하고 빌었다.

황홀하고도 아름다운 신록의 숨결과 내 숨결이 한데 어우러져 맑게 갠 허공으로 날아 먼 보랏빛 산에 아롱아롱 아지랑이로 흔들렸다.

애고, 어쩌면 좋아

애고, 어쩌면 좋아. 치매증상인가? 나는 평소에 찬찬하지 못하다. 그리고 뒷감당도 못하면서 늘 덜렁대며 설친다. 사람도 열 번은 보아야 확실히 알고 길은 완전 길치다. 하남 서부초등학교에 애들 한문을 가르치러 다니는데 1년간을 유턴해서 학교에 들어갈 정도다.

이 증세는 젊을 때도 있어 식구 밥을 푸는데 9식구인데 8개는 밥을 담고 하나는 빈 그릇에 뚜껑을 덮어 상 위에 올려놓은 적이 있다. 그리고 달걀을 삶는데 빈 물만 끓이면서 분명 달걀을 넣었다고 생각했다. 남편 벗어놓은 옷을 세탁기에 넣어 돌리는데 주머니에 수표가 들어있는 것을 모르고 빨아 남편한테 혼쭐이 났었다.

친구랑 여행하기로 하고 충무로에서 오전 7시에 만나기로 약속했는데 그날따라 왜 아침에 인터넷을 만졌는지 까맣게 잊어 나만 여행을 가지 못했다. 어디 그런 일이 한두 번인가. 어느 하루는 새벽에 일어나 일찍 애들 밥해 준다고 밥솥에 코드를 꽂는다는 게 TV

코드를 꽂아 TV 화면이 뜬다. 나는 자는 남편을 보고 "TV도 안 끄고 잤냐"고 남편을 나무라며 다른 일을 한다. 그런데 자던 남편이 "빨리 코드 바꿔" 내버려 두고 싶어도 밥 늦었다고 징징 짤까봐 알려준다고 한다.

또한 새벽에 하수도에서 쌀을 씻는데 뜨물 버린다는 것이 쌀을 폴 싹 쏟았다. 다시 그릇에 담아 씻으려니 시간이 안 돼 그냥 하수도에 쓸어 넣고 물을 내렸더니 하수도가 막혀 서방님이 "이 미련통이 마누라야. 빨리 하수도 뚫는 사람한테 전화하라"고 호통을 쳤다.

집에 둔 패물인 금, 다이어, 목걸이, 반지 등을 여기저기 옮겨 두었다가 완전히 잃었다. 아무리 찾아도 없다. 서운하지만 어쩔 도리가 없다. 에이, 그래도 남편과 아이들은 잃지 않아. 그것만도 다행이지, 하면서 나는 스스로 위로했다. 그런데 또 기가 막히는 일은 고추 5근을 사서 닦고 씨를 빼서 가루를 만들어 까만 비닐봉투에 넣어 베란다에 놓았다. 그런데 쓰레기인 줄 알고 "무슨 쓰레기가 이리 무거워" 하면서 내다 버렸다. 좀 있다가 정신이 퍼뜩 들어 아! 고춧가루 하면서 나가보니 쓰레기를 말끔히 치워 갔다. "아, 아까워!" 하면서 나는 내 머리를 쥐어뜯었다.

차도 일방통행으로 들어가 반대로 달리다 마주 오는 차들의 경적, 헤드라이트 세례를 받았던 것은 지금 생각해도 등골이 써늘하다. 늘 가는 백화점에 주차한 차를 못 찾아 징징 울면 남편이 와서 찾아주고, 이랬고 저랬고 고고고 고고 어찌 다 말을 할 수 있으랴. 하루에도 수십 번 지갑, 폰, 안경 등 소지품 잊어버린 것을 또 찾으면 남편 왈 "내 마눌님, 참으로 천재다. 저런 천재는 세상에 둘도 없을 것이다. 어따 숨기기도 잘하고 그래도 여전히 찾네."

　요즘 더 이상한 것이 아침에 당뇨약, 혈압약을 먹었는지 안 먹었는지 기억이 없다. 정말 불안하다. 그저 살아있는 것은 이 입뿐이라 늘 나불나불. 애고 어쩌나! 지하철에서도 늘 폰을 들고 '여보'를 찾는 이 어버리가 이제는 부를 남편도 없는데 점점 이런 증세가 심해지니 앞날이 까맣다.

억새

　오래전 6.25사변 때 이야기다. 서울이 빨갱이들에게 점령당해 우리 가족은 외갓집으로 피난 갔다. 그곳은 아주 깊은, 삼태기 같은 형태의 산속에 몇 집이 폭 파묻혀 있는 마을이다. 그야말로 피난처다. 나는 어렸어도 외사촌들과 어울려 놀았으나 아버지의 시골 생활은 힘들었다. 아버지는 낫질도 서툴고 지게를 져도 지게가 몸에 붙지 않고 뒤뚱거려 동네 사람들의 웃음거리가 되었다. 그래도 아버지는 묵묵히 일했다.

　그러다 큰일이 터졌다. 시골 생활한 지 얼마 안 되어 엄마가 등창을 앓는다. 아버지는 물론 주위 식구들 걱정이 태산 같았다. 전쟁 때라 의사도 없고 약도 구할 수 없었다. 온 식구들은 산으로 들로 뿔뿔이 흩어져 나뭇잎 풀잎을 뜯어 생즙을 내고 나무뿌리를 캐어 약탕기에 고아서 약을 만들어 썼다. 그러나 엄마의 병은 낫지를 않았다.

엄마는 할머니 나이 마흔이 넘어서 얻은, 4남매 중 귀한 막내딸이다. 그 딸이 지금 눈앞에서 심하게 앓고 있다. 할머니는 산신령님께 날마다 치성을 드렸다. 그러나 엄마는 점점 더 심하게 앓았다. 할머니는 딸을 위해서 해 볼 것은 다했다. 그래도 전혀 효험이 없자 하루는 약을 달이다 땅바닥에 털썩 주저앉아 네가 왜 내 앞에서 죽어 가냐고 통곡을 하다 실신했다.

이 모습을 본 아버지는 입술이 으스러질 정도로 꼭 깨물었다. 그날 밤 아버지는 나와 동생의 손을 꼭 쥐었다. 혹시 못 볼 상황이 닥칠지 모른다고 생각한 것 같다. 다음날 꼭두새벽에 곡식 몇 말을 자전거에 싣고 엄마의 약을 구하러 서울로 향했다. 아버지는 사람의 눈을 피해 서울 종로에 사는 친척 집을 찾아가서 약을 구했다.

아버지는 재빨리 서울을 빠져나오려는데 미아리에서 북한군에게 걸렸다. 아버지는 빨갱이들이 시키는 대로 산같이 쌓인 시체를 딴 쪽으로 옮기는 일을 했다. 시체의 핏물과 썩는 냄새를 온몸에 적시며 일이 끝났을 때 해가 뉘엿뉘엿 넘어갈 때다. 북한군은 일이 끝나 벌벌 떨고 있는 아버지에게 가도 좋다고 했다. 아버지는 정신없이, 허둥지둥 그곳을 벗어나 집에 도착하자마자 마루에 쓰러졌다.

아버지는 약을 내놓았다. 그 주사약이 바로 '페니실린'이다. 그렇게 무섭게 앓던 엄마는 이 주사 3대 맞고는 병을 털고 일어났다. 엄마가 살아났다. 그러나 아버지는 며칠 밤을 산같이 쌓였던 시체 생각을 하며 무서워 몸을 떨었다. 아버지는 더 깊은, 숨을 곳을 찾아 길을 떠난다고 했다. 할머니는 딸이 겨우 목숨을 건졌으나 미처 몸을 추스르지도 못했는데 또 먼 길을 떠난다는 말을 듣고 놀랐다. 할머니는 온 식구를 들들 볶아 뱀을 잡아 오게 했다. 할머니는 "내 자식을 살려야지." 하면서 뱀을 커다란 가마솥에 넣고 삶았다. 엄마는 구렁이를 세 마리나 먹고 기운을 차렸다.

외갓집을 떠나는 날 식구들의 배웅을 받는데 할머니도 나섰다. 늦가을이다. 할머니는 산등성이에 서 있었다. 그곳에는 억새가 무더기로 퍼져 있었다. 억새의 머리털은 햇살 아래 발광체 같은 흰빛이 사방으로 퍼져 눈이 부셨다. 날이 차 식구들이 할머니보고 먼저 산에서 내려가라고 해도 할머니는 끄떡도 안 했다.

바람이 분다. 억새가 흔들렸다. 할머니는 딸이 안 보일 때까지 서 있었다. 할머니의 몸이 흔들렸으며 억새보다 더 흰 머리털을 바람에 날리고 있었다. 할머니는 이미 억새가 된 듯했다. 엄마와 할머니의 인연은 그곳에서 마지막이 되었다. 나중 소식에 할머니는 딸과 이별 후 며칠 뒤 돌아가셨다고 한다.

많은 세월이 흘렀다. 아버지도 엄마도 가셨다. 나는 가을이 되면 옛 생각이 나서 간간이 할머니가 서 있던 산등성이를 찾는다. 그곳은 지금도 억새가 무리 지어 있었다. 바람이 불자 억새는 여전히 흰 머리털을 날리며 '싸아 싸아' 소리를 냈다. 나는 그 소리가 '딸아, 내 딸아' 하고 엄마를 부르는 할머니의 애절한 목소리로 들렸다. 아버지, 엄마, 할머니를 그리며 나는 옛날 그 자리에 서 있다. 내 가슴에 솟구치는 그리움이 물결을 친다.

제3부

엄마와 장미꽃

손가락 반찬

　가난한 시절 이야기다. 나와 남편은 결혼했어도 친정에서 살았다. 집안은 화목했다. 주위 모두 가난했기에 없이 사는 것에 익숙했다.

　마당에는 오전부터 햇살이 놀아 집이 밝았고 빨랫줄에 눈이 부시도록 흰 빨래가 바람에 펄럭였다. 그리고 꽃을 좋아하는 엄마는 늘 꽃을 피워 집안은 향기가 흘렀다. 그리고 모두 청춘인 형제들은 책을 끼고 살면서 앞날에 대한 희망으로 허공에 아롱진 무지개를 바라보며 꿈에 부풀어 있었다.

　내가 21살, 살림이 익숙하지 않아 조석 때마다 반찬으로 고민했다. 결국은 김치, 김치찌개, 콩나물, 시래기 된장국이 전부다. 반찬이 시원치 않으나 쌀은 꼭 좋은 품종의 쌀을 고집했다.

　식구들이 모일 때쯤 뜸을 들인 밥 솥뚜껑을 열면 '바시시' 소리와 함께 솥에는 윤기 나는 하얀 밥알들이 찰지게 껴안고 반짝반짝 빛을 냈다. 구수한 밥 냄새가 흐른다. 나는 '반짝반짝 하얀 별' 노래하며 밥을 푼다. 밥이 힘이고 희망이고 꿈이라 생각한 나는 그릇마다 고봉으로 담았다.

한 번은 남편이 낮에 들어와 밥을 달란다. 그런데 밥은 있는데 반찬이 아무것도 없었다. 급하다는데 김치도 새우젓도 없었다. 시장을 봐 만들기에는 시간이 없다. 배고프다고 하는데 나는 정말 난감했다. 밥 빨리 달라는 호통에 나는 어쩔 수 없이 상을 가지고 왔지만 울상이다. 밥상에는 덩그런 밥그릇 하나, 고추장, 조선간장 종지를 놓았다. 기가 막힌 남편이 나를 빤히 쳐다본다. 나는 어찌 됐건 밥상머리에 앉았다. 이번만 봐달라는 눈빛으로 남편을 본다.

남편이 시무룩한 표정으로 말없이 한 숟갈 듬뿍 밥을 뜨자 나는 곧바로 얼른 간장에 넣었다가 건져 낸 새끼손가락을 남편 입에 쏙 넣었다. 아니, 남편이 깜짝 놀란다. 나는 말했다. "어때 신랑, 내 손가락 맛이." 남편은 밥 먹다 어처구니가 없는지 나를 물끄러미 보았다. 나는 손바닥을 치며 '깔깔' 웃었다. "간장이 최고 반찬이야. 소화도 잘되고 맛도 좋고." 난 또 간장에 적신 손가락을 남편 입에 넣으니 이번에는 남편 이빨이 내 손가락을 지그시 문다. "아니, 아니, 간장 맛만 보라고." 하며 나는 또 깔깔댔다.

가난하고 어렵게 산 시절에 아름다운 이야기다. 수십 년이 지난 지금 늙은 남편이 입맛이 없다고 말할 때 나는 갖은 나물에 생선을 굽고 고기를 무치고 김, 젓갈 등 상에 진수성찬을 해놓아도 남편은 맛이 없다고 말한다. 손가락에 적셔진 간장 반찬 먹을 때가 정말 좋았다고 그 시절을 그리워한다.

언어 통장

우리 부부는 그저 그렇게 자식 키우며 무덤덤하게 산 것 같다. 둘 다 세상 사는 방법을 몰라 서로 사랑한다는 말 한번 해본 적이 없다. 그러나 애들을 하나씩 보내고 나니 나중에야 영원한 내 편은 남편이구나 하는 것을 깨달았다.

전에는 남편이 늘 밖에서 생활했는데 지금은 건강이 좋지 않아 집에만 있다. 나는 지금 밖에서 왕성한 활동을 해야 하는데 집에 남편이 있으니 젖먹이 하나 있는 것 같아 늘 마음이 쓰였다. 그리고 이제는 남편의 깔끔한 성격, 까탈스러운 입맛을 맞추는데도 짜증이 났다.

나는 남편에게 말을 할 때마다 벌 쏘듯 쏘았다. 그러면 남편은 말 좀 곱게 하라 하고 난 나대로 당신 때문에 스트레스를 받아 못 살겠다고 했다. 하지만 나는 돌아서면 이래선 안 되지, 건강하지 못한 남편인데 혹시나? 사람 일은 알 수가 없지. 남편이 곧 쓰러질지도 모른다는 생각에 나는 정신이 번쩍 들었다. 그때부터 나는 조금 변해 호들갑을 떨며 일하러 갈 때 "다녀오겠습니다." 돌아오면 "사랑하는 당신 어디 있어요, 나 다녀왔어요."

사람이 늙으면 애가 된다는 말이 있다. 남편이 그렇다. 사업을 할 때는 수표도 안 접어 쓰고 추한 행동은 눈을 씻고 봐도 없었다. 그런데 그 호기는 어디로 가고 이제는 마누라가 들고 온 과자 음료수에 호기심을 보인다. 이럴 때면 이 얼마나 가엾은 인생인가 생각하고 내 눈시울이 붉어질 때도 있다.

나는 앞으로 내가 살아야 할 목적은 남편의 남은 생을 잘 마무리할 수 있도록 도와주는 일만 남았다고 생각했다. 그리고 그 방법을 생각했다. 나는 당장 언어 통장을 하나 만들었다. 내가 오늘부터 하루하루 예쁜 말로 남편을 대하면 통장에 ○표를, 못된 말을 하면 ×표를 한다. 지금부터 하루도 안 거르고 표를 해 통장에 ○표로 가득 차면 나는 말할 나위 없이 다음 생의 극락은 따 놓은 당상일 것이다. 그런데 말이 쉽지, 잘되지 않았다. 매일 좋은 말만 하고 산다는 것이 과연 가능할까? 그래도 열심히 표를 했다.

그동안 통장을 훑어보니 몇 월 며칠, ○ × × × ○, 아차 × × × ○ ○ 또 × × ○ ○ 또 또 ○ × × ○ ○. 늙은 나는 눈물겨운 이 노력이 무산되지 않기를 바라면서 열심히 어제도, 오늘도 표시한다. 언제 가는 ○ ○ ○ ○ ○표만 표시되었다 하더라도 남편이 간 뒤로는 후회만 남을 것이다.

겨울의 꽃, 얼음꽃

　겨울이 꽃으로 피어나게 하는 것은 역시 눈이다. 눈이 온 아침은 언제나 경이로움으로 눈(眼)을 다시 한번 비빈다. 산과 숲, 온 동네가 하얀 눈으로 덮이어 동화 속 한 장면을 보여준다. 나무는 가지마다 하얀 눈꽃이 피어 있고, 바람이 살짝만 불어도 상수리 위에 눈가루는 꽃잎처럼 날린다. 깨끗한 눈을 바라보면 우선 내 마음부터 순수로 발현된다. 숫눈을 밟고 싶어도 세상이 도로 더럽혀질 것 같아 바라만 본다.

　몇 년 전, 이른 봄에 중국 황산에 갔었다. 숙소가 황산 중간인데 새벽에 일어나 산에 올라갔더니 나뭇가지에 달린, 눈이 녹은 물방울 방울이 그대로 다 얼어 있었다. 그야말로 산 전체가 얼음 알갱이들로 눈부신 별천지다. 나는 황홀한 기쁨으로 가슴이 터져나갈 것 같았다. 바람이 부니 얼음꽃 바다가 일렁인다.

　얼음꽃이 부딪히는 소리는 경쾌한 흐름으로 천상에서나 들을 수 있는 소리 같다. 주위가 고요한데 수천 수만 개의 수정 알갱이가 흔들리는 소리를 듣는 것은 얼마나 가슴 벅찬 일인가. 얼음꽃의 모습은 그 얼마나 황홀한가. 나는 얼굴이 빨갛게 얼어도 움직일 줄 몰랐던 영원히 간직될 아름다운 추억이었다.

요즘 어느 날, 눈 덮인 검단산을 올라간 적 있었다. 꽃, 꽃, 꽃송이, 송이, 눈 덮인 숲속, 나무들 사이에 내가 있다는 사실이 믿어지지 않았다. 정상이다. 와! 상고대. 자연이 만든 얼음꽃. 나무마다 전부 눈꽃이 아니라 얼음꽃이다. 신은 고목도 돌도 꽃 피게 한다는 사실이, 어두운 구석 한 군데도 없는 대명천지에 명증되는 순간이었다.

산에 갔다 온 다음날 또 거리에 나갔다. 어제의 환상이 잊을 수 없어 산을 바라보니 골짜기마다 눈이 덮여 골격이 그대로 드러난, 근육질의 산은 장대하고 수려하다. 눈이 녹아 흐르는 운무(雲霧)는 산을 사랑하는 마음으로 나를 잊지 말라는 듯 산을 촉촉이 어루만지며 머물러 있는 것이다. 나는 이 아름다운 상상을 하며 산을, 운무를 보고 있었다.

길거리는 얼음 알갱이들이 쭉 깔려 있다. 이른 새벽에 회색빛이 감도는 서리처럼 돌출된 강한 얼음 알갱이가 아니고 햇살 아래 얼음이 녹으면서 생긴 수없이 많은 얼음 알갱이들이 아른아른, 알알이 빛을 낸다. 이 얼음 알갱이들은 하늘의 미리내에서 반짝반짝 빛나는 별들보다 더 빛이 난다. 물기 머금은 얼음꽃들은 맑고 투명해 눈이 부셔 바로 볼 수가 없다. 화사하게 피었던 눈이 남겨준 얼음의 꽃이요 물의 꽃이라 해도 될까. 바람 부니 향기도 흐르는 것 같았다. 눈의 향기, 얼음의 향기, 물의 향기라고 해도 좋을까?

　미끄러질 위험을 감수하며 나는 얼음꽃을 밟는다. 얼음 깨지는 소리가 쾌청하게 머리 정수리부터 등골까지 전해진다. 정신이 쇄락하다. 잠깐 움직인다. 휘청, 아찔! 너무 미끄러워 넘어질 것 같았다. 그래도 나는 이 자리를 피할 수가 없다. 설사 이 자리에 넘어지면 나도 얼음꽃으로 남고 싶은 마음이다. 정말 겨울의 꽃은 아름다운 얼음꽃이다.

엄마도 여자인 것을

　우리는 가장 가까운 사람의 아픔이나 애환을 전혀 무관심하게 또는 일부러 모든 척 지나가는 경우가 많다. 그런 모습이 내 주위에도 있었다.

　어느 날, 50살쯤 되는 남자가 길을 가는데 앞에 어느 나이든 남자와 여자가 나란히 손을 잡고 간다. 그런데 뒤에 가는 남자 눈에 이 나이든 여자가 눈에 익었다. 한눈에 봐도 바로 자기 엄마였다. 그 남자는 깜짝 놀라 엄마를 뒤쫓아 갔다. 그랬더니 둘이서 여관을 들어갔다.

　남자는 눈앞이 캄캄하고 아찔했다. 정말 내 엄마가 맞나? 눈을 씻고 봐도 엄마가 틀림없었다. 그러자 남자는 나이 70살이 넘은 엄마가 주책이라 생각했다. 그리고 아무리 죽었어도 아버지를 배신했고 자식도 배신했다고 분노했다.

그날 저녁도 다음날 아침에도 아들은 엄마 얼굴을 쳐다보지 않았다. 여태껏 점잖게 살아온 엄마가 아니다. 더럽고 추하다고 생각했다. 너무 창피해 아내에게 입도 못 열고 혼자 고민하며 2~3일이 지났다. 그리고 또 며칠 지났다. 그러자 문득 머리에 스치는 모습. 30살에 청상과부가 된 엄마가 자식을 안고 나 혼자 어찌 살라고 하면서 몸부림치며 울던, 평생을 시장 좌판에 앉아 온갖 고생을 하던 엄마가 보였다.

치열한, 먹고 사는 문제에 얽매인 엄마의 고통과 눈물로 자신이 성장한 것을 알지만 별안간 새삼 깨달은 것 같았다. 외로운 애달픈 생활을 한 엄마는 평생 궂은일이나 하고 허술하게 입고 먹고 살아왔다. 오직 자식에게만 모든 것을 주는, 지금도 손주나 돌보는 무식하고 뭘 모르는 그런 엄마였다고 생각하며 살아온 것이다.

여기까지 생각하자 아들은 별안간 눈물이 핑 돌았다. 아니 마구 쏟았다. 나이 50살 가까이 되도록 엄마를 위해 처음 흘린 눈물이다. 생각할수록 아들은 엄마가 너무나 가엾고 불쌍했다. 아들은 마음을 진정하고 속으로 말했다. 미안해요, 엄마. 죄송해요, 엄마는 여자가 아닌 줄만 알았어요.

다음날 아침, 아들은 엄마를 보자 약간 짜증 섞인 말투로 "엄마 옷이 그게 뭐예요. 머리 파마도 제대로 하고 다녀요. 아들 얼굴이 있지." 하며 돈 몇 십만 원을 엄마에게 주었다. "운동도 할 겸 자주 밖에도 나가세요. 친구들 만나 점심도 사주고 여기저기 구경도 다녀요." 그리고 아내한테도 한마디 했다. "엄마한테 신경 좀 써드려. 화장품도 사드리고 옷도 좀 사드려. 잘 좀 챙겨드리라고."

아들은 혼자 말한다. 엄마, 봄 날씨 맘껏 즐기세요. 라일락 향이 좋고 철쭉꽃이 너무나 예뻐요. 나 어릴 때 엄마 모습이 이 꽃들 같았어요. 엄마 곁에 있을 때는 늘 라일락 꽃향기가 났었지요. 엄마 그 시절이 그리워요. 엄마, 미처 엄마를 이해하지 못하고 세월을 보냈어요. 용서하세요, 엄마!

엄마와 장미꽃

우리 집은 남향이라 아침부터 저녁까지 햇빛이 잘 든다. 햇빛이 종일 있기에 모든 물체가 선명하고 빛이 났다. 받아 놓은 물에는 윤슬이 놀고 작은 꽃밭에 푸른 잎은 윤기가 돌았다. 장독대의 독 항아리 단지들도 반질거렸고 빨랫줄에 널린 면 빨래는 저녁이면 바사삭 소리가 날 정도였다. 그렇게 집안이 구석구석 밝아서인지 넉넉지 못한 살림에도 식구들의 마음은 맑았으며 화사했다.

하루는 엄마가 뒷간 옆 한 귀퉁이의 흙을 파 장미나무의 가는 줄기를 심었다. 그리고 우리를 키우듯 장미나무에도 온갖 정성을 다 들였다. 거름 되는 것은 무엇이나, 하다못해 쌀뜨물도 발효시켜 알맞게 주며 지극정성으로 돌보았다. 좀 지나니 장미나무는 통통해진 가지를 여러 갈래로 뻗고 나뭇잎도 풍성해졌다.

나는 장미의 꽃말을 찾아보았다. 꽃말은 사랑의 맹세, 끈질긴 사랑, 기억 속에 살아있는 사랑이다. 꽃 중의 꽃, 열정적인 사랑의 장미꽃답게 꽃말 역시 많은 연인의 가슴을 울리는 뜻을 지녔다. 나는 가슴이 철렁했다. 엄마는 이 꽃말을 몰랐을 것이다. 그냥 붉게 피는 장미꽃이 예뻐서 심었을 뿐일 텐데. 우연일까? 청춘에 혼자된 지 얼마 안된 엄마를 위한 것 같았다.

5월, 그 어느 날 장미나무의 초록 물결 속에서 아리잠잠, 숨은 듯 빨간 장미꽃 한 송이 피었다. 엄마는 꽃을 보더니 아주 좋아하며 식음을 전폐하고 꽃을 본다. 엄마는 "꽃아, 어서 와라. 이 누추한 곳까지 찾아오느라 애썼다." 하며 정겹게 말했다. 그래서인가 꽃은 아주 먼 기억을 더듬어 찾아온 듯했다. 그리고 이 집이 낯이 익어 편안하고 엄마하고 막연한 것처럼 예쁜 모습으로 무슨 말을 하려는 듯 입을 조금 벌린 상태다.

한낮 햇살은 꽃의 가슴을 서서히 열게 하고 어디선가 새소리 들리더니 나뭇가지가 가늘게 진동했다. 그날 밤이다. 나지막하게 엄마의 흐느껴 우는 소리가 들렸다. 나는 나도 모르게 눈물이 나 몰래 눈물짓다 잠이 들었다.

다음날 아침 나는 엄마를 보며 생각했다. 엄마는 밤새도록 왜 울었을까? 장미꽃은 엄마의 첫사랑인가? 아버지가 엄마에게 선물한 그 장미꽃이 다시 환생한 것일까? 그리고 혹시 멀리서 우짖던 새소리는 아버지의 혼신인가? 나는 커서도 이리저리 생각했지만 꽃피는 날이면 소리 없이 울던 엄마의 눈물을 알 수가 없었다.

세월은 흘렀고 엄마도 가셨다. 나는 지나가다 아파트 하얀 나무 담장 위에 넝쿨 속 빨간 장미꽃을 보았다. 아무도 없는 고즈넉한 장소에서 나는 장미꽃을 보며 아련한 옛날을 생각했다. 반가우면서도 서러운 꽃. 해마다 피어 엄마에게 못 잊을 첫사랑의 감정을 전해준 꽃. 늘 그리움으로 엄마를 울게 했던 꽃, 장미꽃이다.

나는 조용히 말했다. "엄마, 엄마의 장미꽃이 피었어요." 하며 울컥 솟는 눈물을 삼키는데 눈물에도 가시가 돋았는지 목이 따갑고 가슴이 아프다. 이 아름다운 5월은 내가 흘리는 피눈물에 붉은 핏물이 드는지 장미꽃은 더욱 붉게 타고 있다.

엄마의 인내로 핀 꽃들

사람들은 꽃을 좋아하지만/ 그것이 얼마만큼 아픔 끝에/
피어나는 꽃인 줄은 모른다/
나도 이 나이가 되어서야 비로서 알았다/ 초봄부터/ 뜰의 철쭉 포기
에서/ 꽃망울들이 애처롭게 애처롭게/ 땀나듯 연둣빛 진액을 짜내듯/
그 지루한 인내를 지켜보고서야/ 비로소 그것을 알게 되었다/
―김종길 시인의 '아픔'

나는 간간이 엄마 사진을 보며 이 시를 떠올린다. 이 시는 내 엄마를 염두에 두고 지은 시 같다. 엄마는 감악산에서 좀 떨어진 깊은 산골에서 곱게 핀 산철쭉처럼 싱그럽게 자란 처녀였다. 그런 분이 서울 남편을 얻어 일본 강점기 시대를 보냈고, 6.25사변을 겪었다. 전쟁 후 엄마와 아버지는 열심히 살았다. 이제는 가정이라는 뜰에 예쁜 꽃을 피우며 재미있게 사는데 신이 무슨 심술로 화초밭에 불을 질렀다.

엄마는 별안간 남편을 잃었다. 그리고 큰아들도 건강이 많이 안 좋았다. 졸지에 일어난 일이다. 엄마의 오열하는 소리는 우리 4남매 귀에 늘 쟁쟁했다. 엄마는 생기를 잃어 파김치가 된 듯 기력을 잃은 채 살았다. 그런데 누가 그랬던가. 신은 시련을 견딜 만큼 준다고.

그렇게 심신이 허약해진 엄마는 어릴 때 선비였던 외할아버지의 학문적인 정신, 유전자를 이어받은 분이다. 그러기에 사람은 사람의 도리를 배워 사람답게 올곧게 살아야 한다고 우리를 다 공부를 시켰다. 하지만 너무 고달픈 삶으로 엄마의 몸은 마른 나뭇가지, 삭정이처럼 말라 툭 건드리며 그대로 부서질 것 같았다.

그렇게 세월이 갔다. 엄마도 자식을 다 결혼시켜 며느리 사위 손주들로 집안이 번창했다. 엄마의 두 며느리는 의젓했고 어질었다. 처음 볼 때 나에게 두 올케는 20대 나이로 무척이나 건강했고 신선했다. 그리고 엄마는 내 남편인 사위를 큰아들 겸 영감 겸 사위로 무척이나 든든하게 여겼고 여동생 남편도 성실한, 능력 있는 사위였다.

집안이 다시 꽃밭이었다. 손주 하나씩 태어나 햇살이 유난히 밝은 곳에서 울고 웃는 아이들은 꽃이었다. 아니 식구들 하나하나가 전부 꽃이었다. 엄마가 저 시처럼 연둣빛 진액을 짜내듯 아픔과 설움의 눈물을 삼켜가며 참으로 견디기 힘든 삶 속에서 식구들 하나하나 엄마가 인내로 피운 건강한 꽃들이었다.

엄마는 한 십 년간 자손들의 지극한 효도를 받았다. 당시에는 외식이 드물었기에 엄마의 둘째아들은 월급날이면 꼭 고기와 과일 등을 사고 제 처와 아들 둘과 함께 본가를 찾는다. 본가에는 엄마와 형과 형수 그리고 조카들과 함께 음식을 만들어 저녁을 즐겼다. 그리고 간간이 우리 부부, 내 애들, 그리고 내 여동생 부부도 함께해 잔치를 치르는 것 같았다.

나는 꿈결같이 흘러간 세월 속에 주인공인 엄마가 꽃피운 식구들 얼굴 하나하나 보면서 조용히 엄마를 불러본다. 그리고 엄마 감사해요, 남동생 둘, 여동생 그리고 두 올케에게도 무언가 모를 감사의 마음이 들어 감사하다는 마음으로 이 글을 쓴다. 사랑해요, 엄마. 동생들 올케들 조카들도….

연회색 재킷
―때로는 사는 것이 좋구나

아침이다. 나는 남편의 건강을 위하여 날마다 음식 만드는 일에 매진한다. 작년에 남편이 폐렴으로 15일 이상 입원한 뒤 퇴원한 후에도 기관지와 폐가 나쁜 것도 문제지만 고열에 시달릴 때 섬망 증세를 보였다. 나는 모든 병을 이길 수 있는 것은 약이라 하지만 음식과 운동이 좋다고 해서 남편이 잘 먹을 수 있는 요리에 전념하는 것이다.

유난히 입이 짧아 잘 안 먹는 남편에게 좀 더 먹으라고 싸우면서 몇 개월 후에 병원에 갔더니 드디어 의사 선생님께서 "아주 좋아지셨어요." 한다. 나는 시장, 옷가게에서 연보랏빛이 도는 연회색 재킷을 샀다. 은은한 빛깔이 남편 분위기에 딱 맞는다. 옷을 입혀 보니 나이가 70 중반에 들어도 후리후리한 키에 제법 맵시가 난다. 나는 속으로 평생 미남하고 살았구나, 하고 생각했다.

시장을 나오는데 남편 친구를 만나 식사를 같이했다. 그리고 남편의 옷 이야기를 하니 아주 좋다고 한다. 나는 기분이 좋아 또 커피를 사 드리겠다고 떼를 썼다. 남편이 오랜만에 건강하고 근사하게 보여서 나는 돈을 팍팍 쓰고 싶은 것이다. 그러나 남편은 친구의 자존심을 생각해 커피는 친구보고 사라고 했다.

시장에서 또 아는 아주머니를 만났다. 나는 과일 몇 개를 드리며 남편의 옷이 어떠냐고 묻는다. 남편은 민망한지 나를 꾹꾹 찌른다. 아주머니는 새 옷을 입은 남편이 멋있다고, 새신랑 같다고 했다. 나는 가시는 분을 쫓아가 과일 몇 개를 더 드렸다. 남편이 나 보고 창피하단다. 나는 뭐 어떠냐고 면박을 주며 상쾌하게 걷는다. 지금 자랑할 것은 오직 건강해진 남편과 같이 다니는 것뿐이다.

우리는 들길을 걷는다. 가을 날씨는 유난히도 청명하다. 누가 널었는지 밭 한가운데에 널은 다홍 고추는 아직도 설익은 열매를 익히려는 햇살 아래 활활 타는 불꽃 같다. 고추잠자리는 쉴 새 없이 맴을 돈다. 나는 동요를 부른다. "고추 먹고 맴맴, 담배 먹고 맴맴." 가을로 접어드는 길목마다 가을꽃이 바람에 일렁인다. 쑥부쟁이꽃, 짙은 보랏빛 색깔이 곱다.

먼 산을 본다. 산 뒤에 병풍처럼 둘러쳐져 있는 우뚝 솟은 흰 구름이 에베레스트의 설산(雪山)이 되어 눈부시게 빛나고 있다. 남편도 병 티를 벗고 아름다운 가을을 감상하는 뒷모습을 보니 낙엽되기 전 황혼의 빛으로 물들어 밝게 타오르는 단풍잎처럼 은은하게 빛이 난다.

얼마나 다행한 일인가. 길이 좁아 남편의 뒤를 자분자분 쫓아가니 어느새 나도 모르게 가슴에 솟구치는 기쁨으로 나는 읊조렸다. 때로는 사는 것이 기쁘다고.

오월은 통곡의 달

　오월은 환희의 달이다. 나는 날씨가 좋아 산을 탄다. 산자락에 들어서자 흙이 부드러워 맨발로 걷는다. 풀이 보드랍게 밟혀 마음이 편안하다. 자박자박 흙을 밟으니 병아리 부리 같은 작은 돌멩이가 발을 콕콕 깨문다.

　또한, 깨알 같은 아주 작은 꽃들이 내 옷자락을 잡아끌며 함빡, 꽃 피운 것을 보여주면서 아직도 필 꽃이 많다고 자랑이 대단하다. 연하고 작아서 아름다운 것들이, 자연의 고귀한 품성이 나를 대하니 나는 이 우주에서 신의 사랑을 가장 많이 받는 존재 같아 마음이 흐뭇하다. 오월은 내 마음 어두운 구석에도 광채가 나는 것 같다.

　오월은 감사의 달이다. 오월의 말씨는 오색찬란한 꽃처럼 풍성하다. 사랑, 감사, 고맙다, 애썼다, 수고했다 등의 말씨는 꽃의 홀씨 되어 숲으로 늪으로 날아가 뿌리를 내리듯 정겨운 이들 가슴에 내려앉는다. 부모에게, 스승에게, 존경하는 분, 신세를 진 분을 찾는

이 말씨 한 톨이 그분들 가슴에 심어져 꽃을 피우면 그분들의 영혼을 풍요롭게 해줄 것이다. 오월의 말씨는 버드나무 흰 솜이 되어 하늘을 하얗게 날고 있다.

오월은 또한 눈물의 달이요, 통곡의 달이다. 어느 해 하루는 딸이 나에게 화초 하나를 주었다. 나는 워낙 화초 키우는 재주도 없고 생활이 늘 바빠 화초를 돌보지 않아 잎이 말라 떨어진다. 나는 누구를 주든지 밖에 심어 잘 자라게 해준다고 생각하며 거실 한 구석에 놓고 잊었다. 죽음보다 더 무서운 것이 무관심이라는 말이 있다.

나는 오랜만에 화초를 보았다. 화초는 먼지를 보얗게 뒤집어쓰고 몇 개 남은 줄기와 잎은 말라비틀어져 있었다. 나는 이 화초를 보자 별안간 어머니 생각이 났다. 나는 별안간 5월의 즐거운 성찬의 나날들이 다 무의미했다. 구석에서 화초를 꺼냈다. 화초에 물을 뿌려주며 줄기를 정성스레 닦고 뿌리를 물속에 푹 담갔다가 건져 냈다. 거름으로 흙을 돋아주고 영양제를 주었다. 마치 내 엄마에게 하듯 정성을 다했다. 하지만 무슨 소용이 있을까.

아침마다 마른 정강이 사이로 머리를 묻고 기침을 했던 엄마. 몸을 건드리면 우수수 떨어졌던 살의 비듬. 변이 손가락으로 파낼 정도로 굳어 고통스러워했던 엄마. 입으로 쓴 물을 토해내며 나를 쳐다보던 엄마. 가슴을 나에게 보이며 애타게 사랑을 달랬던 엄마.

나는 늘 그런 엄마를 무심하게 보고 지냈다. 논어에 불효의 죄는 잘못을 빌 곳도 없다는데 하는 글귀가 생각났다. 지금 엄마의 몸을 따뜻한 물에서 씻겨 드리고 손톱 발톱을 잘라드리고 싶다. 머리도 곱게 빗기고 얼굴에 로션을 발라 드리며 엄마 사랑해요, 하며 포근하게 안아 드리고 싶은데 정말 꼭 그렇게 해 드리고 싶은데 계시지를 않는다. 아! 어찌 자식에게 가는 정은 촌음도 걸리지 않는데 부모에게 가는 마음의 거리는 왜 그리 멀었는지. 왜 사랑한다는 말조차 따뜻하게 건네지 못했을까.

평생 그 어느 것이 무엇이 좋다 해도 내 부모에게 효도하는 것이 제일인 것을 왜 이제야 깨닫는지 정말 지난 세월이 후회스럽다. 화사한 오월, 꽃그늘엔 어머니를 그리는 절절한 마음이 이제는 엄마라는 단어를 부를 수조차 없다. 입을 열면 먼저 통곡이 터지니 오월의 달은 맨 손톱으로 땅을 파헤치듯 아픔의 달이요, 통곡하는 달이다.

온전한 내 생활

나는 중곡동에 있는 큰 집을 팔고 하남시 작은 아파트로 이사를 했다. 사람들은 노후가 되면 집에 널찍한 뜰이 있어 꽃을 키우고 채소를 가꾸며 산다는데 나는 그런 집을 버리고 아주 작은 집을 택한 것이다. 그런데 집의 위치는 내 노후 살기엔 안성맞춤이다.

우선 생활의 중심지인 시청, 취미활동 할 수 있는 행정복지센터, 복지관이 집에서 5분 거리다. 다이소와 홈플러스도 집 앞. 근처에는 개천이 있어 늘 오가며 물, 나무, 풀꽃을 본다.

내 생활 일정은 일주일에 1번 정도 요가를, 피아노도 일주일에 한 번, 진도가 안 나가 아직도 바이엘이다. 그래도 새파란 선생님이 늘 칭찬한다. 도서관도 5분 거리라 간간이 들린다. 도서관 자리는 덕풍천을 마주하고 책 보는 자리에서 물, 윤슬을 보다, 나뭇잎을 보다 책을 본다.

토요일, 일요일은 30분 정도 걸리는 미사리강을 찾거나 검단산 자락을 밟는다. 강에 머물면 눈이 시원하고 산에 머물면 맑은 공기로 속이 시원하다. 이럴 때는 마음이 졸렬하지 않아 누굴 만나도 유순하고 겸손하다.

　　다음으로 가는 집은 커피집이다. 집에도 커피가 있지만, 집 근처에 있는 커피 카페에 가면 커피 향이 좋고 은은한 클래식 음악도 흐른다. 그리고 커피 향을 즐기며 창밖으로 작은 정원의 들꽃을 보고 있으면 내가 근사하게 생각되어 간간이 나르시시즘에 빠진다. 물론 매일 커피값이 아깝지만 작은 집에 사는 보상으로 이 정도 돈은 낭비해도 되지 않을까 생각한다.

　　때로는 나이 먹은 것이 무슨 죄인지 나는 사장에게 말한다. "혹시 할머니가 이 집에 자주 드나들면 손님들이 싫어하지 않을까요?" 사장은 걱정을 말고 아무 때나 오라 한다. 그러면서 할머니가 커피 향을 즐기며 책을 보고 계시면 멋있다고, 젊은이에게 오히려 본보기가 될 것이라 한다. 나는 내가 이런 말을 듣다니 요즘 작은 칭찬에도 감동이 된다.

　　손님 한 분이 커피집으로 들어온다. 얼굴이 까맣다. 자주 보는 얼굴이다.
　　나랑 같은 층에 살기에 서로 눈에 익다. 나는 용기를 내어 How are you 했더니 여인이 환하게 웃는다. Where are you from 했더니, 남아공아프리카에서 왔단다. 23살이란다. 여인의 얼굴은 그렇지만 나이가 예뻐 You are beautiful. 여인은 Thank you. Thank you.를 연발하며 나에게 커피를 사서 준단다. 싫다고 해도 준다고, 나도 Thank you다.

둘 다 말이 잘 통하지 않아도 서로의 기분은 안다. 커피 향이 유난히 향기롭다. 나름대로 즐겁고 행복하다. 나이 들어 온전한, 나만을 위한 조촐한 내 삶이 장려하고 화사하다.

응가가 키워낸 풀꽃

나는 아침마다 뱀 한 마리를 낳는다. 그 뱀이 내 몸에서 나오면 미끄러지듯 딴 세상으로 간다. 그 뱀은 혐오하는 물체다. 그러나 그 물체는 꼬리를 잘라내 우리 살갗에 흔적을 남겨 아주 흉한 냄새를 피워 우리는 질색을 한다.

남편이 건강하지 못하다. 나는 남편을 낮에 환자를 돌보는 주간 보호소에 보냈다. 하루는 남편을 돌보는 요양원이 남편 몸에서 좋지 않은 냄새가 난다고 말했다. 아침이면 샤워를 시켜서 보냈는데 냄새가 난다니, 나는 이상해서 남편의 몸을 살폈다. 그랬더니 남편 팬티에 끊어진 뱀 꼬리가 한 토막이 뭉개져 있었다. 누구나 나이 들면 항문이 절로 열린다고 하더니 남편도 그런 모양이었다.

남편에게 팬티에 변이 묻었는데 그것도 모르고 종일 변을 깔고 있었냐고 했더니 남편이 놀라며 "나도 이제 다 됐군." 하며 씁쓰름한 표정을 짓는다. 남편이 갔으니 그런 일이 있은 지 몇 년 되었다.

그리고 이사를 했다.

요즘 오랜만에 가구정리를 하는데 가구 틈에서 웬 이상한 물체가 나왔다. 나는 도저히 보기 힘든 물체라 자세히 살피었다. 그 물건은 아주 작고 딱딱했다. 한마디로 물건이 얼룩덜룩하다. 나는 직감으로 알았다. 남편 몸이었구나. 틀림없이 남편 몸에서 나온 응가였다고 나는 판단했다. 오랜 세월이 지났으니 오물이 자연 발효가 되어 냄새가 전혀 없다. 생물(?)에서 무생물로 된 아주 작은 돌덩이로 변했을 뿐이다. 나는 버릴까 하다 종이에 싸 서랍에 넣었다.

나는 몇 년 전에 구연동화 강사로 일한 적이 있다. 그때 아이들과 생활하면서 즐겨 읽어주었던 동화 '강아지 똥'이 생각났다. 동화 작가 권장생의 작품으로 누구나 다 안다. 그리고 내용도 모르는 사람이 없을 것이다. 책의 주인공, 강아지 똥은 날아가는 새가 더럽다고, 흙덩이가 똥이라고 하자 울음을 터트렸다. 그리고 외롭게 겨울을 혼자 지냈다.

봄이다. 아무에게도 환영받지 못하고 누구나 피하는, 필요 없는 강아지 똥이다. 그런데 어린 민들레 싹이 나는 네가 필요하니 나에게 오라는 말을 듣고 좋아서 민들레 싹을 껴안는다.

그리고 비가 오자 민들레가 잘 자라 꽃을 피울 수 있도록 강아지 똥은 제 몸을 빗물에 녹인다. 그리고 서서히 무너지는 몸의 양분으로 민들레가 드디어 꽃을 피웠다는 이야기다.

나는 꽃삽을 들고 자잘한 풀이 있는 들판에 흙을 파고 오물을 묻었다. 나는 비 오기를 기다렸다. "벌써 며칠째인데 비가 안 오다니."

하며 하늘을 보며 조바심을 냈다. 드디어 비가 온다. 나는 비를 맞으며 내가 오물 묻은 곳을 가 봤다. 땅이 촉촉하게 젖었다.

오물이 돌덩이 같으니 적게 내리는 비에 쉽게 풀리지 않을 것이다. 또 너무 비가 오면 땅이 패여 이 물건이 어디로 굴러갈지 모른다고 생각해 나는 비가 적게 와도 걱정 많이 와도 걱정이다. 한마디로 사서 걱정을 했다. 그리고 시간 가기를 기다렸다.

그러던 어느 날, 나는 남편의 오물 묻은 자리에 갔다. 거기서 어린 풀들이 함빡 피어 있었다. 꽃들이 바람에 춤을 춘다. 내 남편의 몸이었던 오물이 빗물에 몸을 녹여 건강한 풀꽃을 피운 것 같았다. 나는 남편을 보듯 풀꽃을 보며 말했다. "풀꽃아, 정말 예쁘구나. 노란 풀꽃아, 하얀 풀꽃아." 나는 하늘을 보며 말했다. "여보, 당신 몸이 피운 고운 꽃이 살아생전 나를 사랑했던 당신 마음 같아요."

하루를 살아도 무량수

    나는 어둠 속에 한 점, 불꽃같이 타오르는 해를 본다. 장엄한 태양의 숨결이 느껴지는 순간 내 가슴은 벅찬 감동이 밀려든다. 주위를 보니 서서히 신세계가 펼쳐져 하루의 천지창조가 이루어진다. 나는 이럴 때 태양이 신으로 다가온다. 고대인들의 태양숭배를 이해할 것 같다.

    생각해 보자. 태양이 없으면 그 어떤 생물도 살아갈 수 없다. 그리고 저 태양이 신이 아니라면 어찌 가슴을 열고 매일 심장을 갈아 적당한 온도와 빛을 내려주는지 또한 신의 몸이 아니면 온 누리를 비추는 빛으로 모든 물체가 티 없는 보석처럼 맑아 눈부시게 빛날 수 있는지를 생각해 본다.

    오후 조용한 한낮의 명멸, 원초적이고 근원적인, 자연의 에너지인 빛, 햇살의 강물은 융융한 흐름이다. 이 흐름은 윤슬처럼 바글바글 끓으며 찬란한 빛을 터트려 바닷가 주상절리처럼 서 있는 아파트의 이마 전을 연분홍빛으로 물들인다.

햇살은 신록, 꽃을, 나뭇잎들 초록빛에는 영광의 빛이 흘러넘친다. 그러기에 순수하지 못한, 억지로 모순된 세상에 사는 우리에게 희망과 꿈을 준다. 이렇게 아름다운 세상 속에서 사는 나는 눈 귀 절로 순해져 마음이 편하니 하루를 살아도 무량수(無量壽)요, 빛 한 조각도 무량광(無量光)이니 미련 없는 어제요 두려움 없는 내일이다.

나는 나무에 기대어 까마득한 우듬지를 본다. 저 높은 곳에서 어린 나뭇잎이 바람에 나붓하다. 나무가 저 높은 곳에 수액이 도달하려면 얼마나 땅속 깊은 속에 뿌리를 길게 뻗을 것인가. 그리고 나날이 장성하거나 매일 수척해지는 나무가 제대로 모양새를 유지하며 살아내려면 뿌리는 늘 수없이 많은 균형점을 찾아 조절하느라 애쓸 것이다.

나는 간간이 생각한다. 밤에 어두운 물질의 작용은 얼마나 대단할까를, 그리고 밝은 낮을 위해 비 물질의 에너지 작용으로 우리를 얼마나 충만한 삶을 유지하게 하는지 감히 나 같은 위인이 어찌 헤아릴 수가 있을까. 그리고 나 하루 살리기 위해 얼마나 많은 분의 노고가 있었을까. 나는 그것도 모르고 천방지축 날뛰며 끝없는 욕심을 부리며 여태껏 나 잘나서 사는 줄만 알았으니 참으로 한심하기 짝이 없는 나다.

해가 진다. 하루를 만든 해는 거룩한 몸을 풀어 세상을 붉게 곱게 물들이며 사라진다. 노을이 아름답다. 나는 내일을, 내일의 태양을 기다리며 오늘밤을 보낸다.

작은 숙녀

요즘 어린이들은 천부적으로 영리하고 또한, 우리나라 엄마들의 교육열은 세계적 수준이다. 나는 구연동화를 해주러 어린이집을 드나들었다. 그 어린이들 거의 공부 실력이나 노는 수준이 한두 명 처지기는 해도 거의 비슷했다. 이 반은 7살 반이다. 그리고 한 해 끝자락이라 어린이들 거의 한글을 다 깨쳐 글을 쓰는 것은 어려워도 읽는 것은 거의 다 읽는다. 그런데 어린이 두 명이 글자를 전혀 모르는 것이었다.

어린이집에는 갖가지 수업을 위한 도구가 있다. 그리고 하루 이틀도 아니고 1년, 2년 길게는 어린이에 따라 다르긴 해도 3년이나 수업을 받고 있다. 그런데 글자를 모르다니 그것도 전혀 모르다니 말이 안 된다. 나는 당황스럽기도 하고 어처구니가 없어 원장님께 글자를 모르는 아이에 대해 알아보니 아이들의 가정 형편이 좋지 않고 또 어린이가 지능 발달이 조금 늦다고 한다. 그래도 그렇지 이 어린이를 이대로 두면 어떻게 하지? 좀 있으면 학교에 가야 하는데.

나는 걱정이 되었다. 그리고 어린이집이나 부모나 너무한다는 생각이 들어 슬그머니 화도 났다.

나는 원장님께 이 어린이는 내년에 이대로 학교에 보낼 순 없지 않느냐고. 내가 내 수업 외에 한 30분씩만 가르치겠다고 말했다. 선생님이 그렇게 해보라고 해서 나는 두 어린이를 남게 해 수업을 시켰다. 나는 고등학교 때부터 가정교사 등 현재도 애들을 가르치는 것은 무리가 없었다. 나는 우선 이름부터 쓰게 하려고 이름을 써주고 반복시켰다.

남자아이는 곧잘 쫓아오고 글자 아는 재미에 자꾸 딴 글자도 써달라 하는데 문제는 여자아이다. 이름이 '아영'이라 '아' 자를 가르치기 위해 수십 번 수백 번을 쓰고 읽게 했다. 완전히 외워서 쓰게 하는데 적지 않은 시간을 보냈다. 그리고 이 시간을 보내는데 내가 도를 닦는 것 같았다. 가르치다 너무 답답해 큰소리로 야단도 치고 싶고 포기도 하고 싶었지만 다 참고 아이 등을 두드려 주며 무조건 잘한다고 칭찬을 해주려니 그 애들보다 내가 혼이 더 났다.

애들은 제 이름 쓸 줄 아는 것이 몹시도 좋은지 남자아이는 등에서 매달리고 여자아이는 작은 몸을 내 품에 파고들어 무릎 위에 앉아 나를 꼭 껴안는다. 그러더니 나보고 더 가르쳐 달란다. 나는 아버지 병아리 송아지 등 '아' 자 위주로, 다음날은 또 쉬운 딴 글자를 써주며 학습을 시켰다. 나중에는 카드로 수업을 했다. 내가 부르는 글자를 카드로 찾았을 때 아이들 눈에서는 별이 반짝이듯 빛나며 좋아했다.

남자 어린이는 어느 정도 쫓아온다. 여전히 여자 어린이는 늦다. 어린이집에서 노래를 시키면 새로 배운 노래를 따라가지 못해 아는 게 '곰 세 마리'와 '올챙이노래'다. 강한 성격과 체력에 밀려 어린 동생들한테 따돌림을 당하고 놀림이나 받는 7살 여자 어린이다.

내일 모래면 이 어린이는 8살이 된다. 이 꼬마 소녀가 사회에 첫 발을 내딛어 학교에 갈 것인데 나는 내 자식처럼 걱정이 앞선다. 나는 이 소녀가 무사히 학교생활을 잘할 수 있도록 노래도 계속 가르치며 글도 가르쳤다. 나는 고운 심성의 여자 어린이가 커서 멋진 사회생활을 하는 모습을 그리며 이 어린이 별명을 '작은 숙녀'라 짓는다.

작은 영광

　친구를 만났다. 친구 말이 너는 노랫말 가사를 길게 써 우리를 고생시키냐고 한다. 나는 무슨, 누구를 고생시켰냐고 의아해 했다. 그랬더니 그 친구가 '하남여성합창단' 회원으로 합창을 하는데 노랫말 가사가 길어서 외우기가 힘들다는 것이다. 나는 그제야 아, 그런 일이 있었지 하며 몇 년 전을 생각했다.

　세상에 살다보면 생각지 못한 일이 생기기도 하나 보다. 내가 문학에 관심을 두고 글을 쓰면서 생활한 것이 그럭저럭 10년. 그동안 시 등단을 하고 '한국문인협회', '하남문인협회'에 회원이 되었으나 좋은 글을 써 발표한 것이 전혀 없다. 같이 공부하는 회원들 모두 책 몇 권씩 내는데 나는 책 한 권도 내지 못했다. 시를 잘 쓰지도 못하면서 책을 함부로 내면 독자에게 공해라고 생각해 감히 엄두를 내지 못했다.

　그저 남이 잘 쓴 글을 보면 부러워하면서 축하해 주었다. 그런데 현재 하남시가 광주시에서 분리되어 시로 승격된 지 30년이 되면서 축하 글을 모집한다기에 써냈다. 그런데 시 승격 행사날 하남시립 합창단이 부르는 첫 곡에 내가 작사자가 되어 내빈으로 초대를 받았다. 행사가 시작되자마자 행사장에는 제일 첫 곡으로 내가 지은 노랫말이 넓은 홀에 울려 퍼지자 나는 좋아했다.

광고 표지 면에 내 시의 제목, '하남에서 살으리랏다' 라는 시가 실려 푸르른 늦가을에 곱게 물든 단풍잎이 되어 하남시 하늘에 날리고 있었다. 물론 잘 쓴 시는 아니다. 고려 때 속요인 '청산에 살으리랏다'를 패러디한 것으로 노래를 만드는 작곡자를 잘 만난 것 같다. 시를 잘 쓰는 분들이 보면 우스운 시인데 나는 작사자로 이름이 남은 것 자체만으로도 감지덕지다. 제목이 '하남에서 살으리랏다'. 시를 올려본다.

　　　살으리랏다. 살으리랏다/ 하남에서 살으리랏다/
　　　푸르고 푸른 하늘/ 검단산 방울꽃 향기/
　　　은은히 퍼지면/ 아리수 한강에서 건져낸 작은 꿈/
　　　내 마음 어느새 흰 구름 타고/ 뽀오 뽀오 노래하네/
　　　살으리랏다. 살으리랏다/ 순한 사람들이 사는/
　　　하남이 좋아 살으리랏다//

　　　살으리랏다 살으리랏다/ 하남에서 살으리랏다/
　　　눈부시게 빛나는 햇살 아래/ 첫눈처럼 휘날리는 버드나무 가지/
　　　햇살 한 가지씩 물고 빠는 어린 잎새/ 내 마음 어느새 연둣빛/
　　　봄빛으로 물들었네/ 살으리랏다 살으리랏다/
　　　나날이 발전하는 하남에서 살으리랏다//

2019년 11월 16일. 하남시 국회의원 이현재 님 외 모든 내빈이 계셨는데 나는 작사자로 인사를 드리고 축하를 받았다. 그리고 내 시가 이렇게 음률에 얹혀 이렇게 하늘을 날아다니기도 하는구나 하고 생각했다. 그런데 몇 년이 지났는데 지금 합창단에서 노래하는 회원들이 노래 가사인 내 시를 외우고 있다 한다.

　나는 작곡자가 작곡을 잘해 주셔서 지금 나의 시가 아직도 여러 사람의 입에 오르내리고 있구나, 하는 생각에 내 시를 노랫말로 선정해 주신 분, 그리고 이 노래를 작곡하신 분에게 감사를 드린다. 나 같은 평범한 인간에게도 이런 영광이 찾아오는구나 하고 마음이 설렌다. 나는 하남이 좋아 살으리랏다.

장마철 역사책을 읽다가

8월, 장맛비가 어지간하다. 주룩주룩 내리는 빗소리를 들으면 무작정 불특정 다수인 중 그 누구인가를 그리워하게 한다. 그런데 내가 요즘 역사책을 읽는 중인데 세 장수의 얼굴이 그려진다. 조국을 구하겠다는 일념으로 고뇌의 찬 우수에 젖은 얼굴들. 이 장수들은 억수로 비가 오는 장마 때는 무슨 생각을 했을까 궁금했다.

나는 첫 번째 생각나는 장수는 카르타고의 한니발이다. 한니발은 제2차 포에니전쟁에서 나폴레옹이 넘었던 알프스산맥을 나폴레옹보다 2000년 전인 기원전 시대에 코끼리 부대를 앞세우고 넘어 로마를 점령한 영웅이다. 그러면서도 슬픈 결말을 맞이한, 비애 같은 그늘이 드리운 서정적인 한니발의 얼굴이 내 가슴에 연민의 정으로 남아 있다.

그는 천재인 전략가지만 결국은 로마의 스키피오를 만나 전쟁에 패자가 되고 말았다. 모든 것을 잃고 고향인 카르타고에 은둔하고 있는데 로마의 장군이 로마로 끌고 가려고 하자 한니발은 자살하였다. 이때 천적의 적장인 스키피오가 말하길 한니발은 세상에 둘도 없는 전략가라고 내가 한니발을 이긴 것은 다 그의 전술을 배우고 익혀 사용한 것뿐이라고 했다. 그리고 이런 천재는 여생을 편히 해 줘야 할 것인데 하며 몹시 슬퍼하며 아쉬워했다고 한다. 역시 그릇이 큰 인간의 면모를 보여주는 장면이었다.

두 번째로 마음에 둔 장수가 제갈공명이다. 내가 고등학교 때 내 짝이 삼국지 소설을 펴며 3번째 읽는다고 해 나도 짝을 따라 삼국지를 읽기 시작했다. 전쟁에는 신출 기묘한 작전 —'교묘한 자의 움직임은 귀신처럼 나타나고 귀신처럼 다니며, 별이 빛나고 하늘이 운행하는 것 같아 진퇴 굴신의 조짐도 나타나지 않고 한계도 없어 난 새가 일어나듯, 기린이 떨치고 일어나듯, 봉황새가 날 듯, 용이 오르듯, 추풍과 같이 출발하여 놀란 용과 같이 빠르다.'— 회남자의 병략훈(兵略訓)에 나오는 이 말은 마치 제갈량을 두고 하는 말 같아 이 영웅에 빠져서 삼국지를 손에서 떼지 못했었다. 제갈량이 죽고 난 다음 역시 제갈량의 천적인 사마의는 어떤 마음이 들었을까.

세 번째로 이순신 장군은 우리나라 국민의 성웅이시다. 다 쓰러져가는 나라를 구하고자 하는 일념으로 혼신의 힘을 다하는 장군의 모습은 너무 절절해 '이순신' 하면 항상 나뿐만이 아니고 우리 국민 전체의 마음이 아리다. 몇 년 전에 다녀온 여수, 통영, 그리고 글자 자체로 아름다운 한려수도, 제승당 앞의 옥같이 맑은 물, 그날도 비가 내려 통통 튀는 물이 번져 동글동글 물무늬로 번지는 비취색 빛, 아름다운 바다를 본 적이 있다. 장군께서는 이 아름다운 나라를 지키려고 제승당 수루에 올라 깊은 시름에 잠겨있던 모습은 지금 상상만 해도 눈물이 날 지경이다.

　장군께서는 배 12척을 갖고 왜적 배 130척을 쳐서 부수는데 자연을 과학을 이용해 전술을 펴는 것도 대단했다. 거기다 더한 전술, 어찌 아셨을까. 요즘 내가 읽고 있는 책, '지금 우리는 문학이 필요하다'(찬가와 그 신경 화학적 효과)에서 단체로 부르는 노래나 기도는 경건함으로 우리의 뇌, 뇌하수체에서 혈중 옥시토신 수치를 올라가게 한단다. 이 옥시토신 유인책이 찬가로 이미 기원전 살라미스해전에서 호전적 연금술로 작용하여 그리스인들에게 두려움을 떨쳐내고 맹렬히 진격해 페르시아를 상대해 대승을 거뒀다고 한다.

　이순신 장군도 그 신경 화학적 효과를 알고 쓰셨을까? 전쟁하는 한쪽에서 여인들이 '강강수월래' 노래를 부르며 춤을 추게 했다. 이 찬가와 율동에 맞춰 군사들의 뇌에도 이 화학물질이 작용해(?) 용기를 북돋아 주었을까? 이 춤과 노래로 기적이라 할 힘을 내게 했는지 알 수는 없어도 전쟁에서 이겼다. 이긴 순간 이순신 장군은 하늘을 보며 "아! 천행이구나" 했다는 말씀이 생각났다.

　어느 날 우연히 인터넷을 뒤지다 세계의 3대 해전이 눈에 뜨였다. 이 해전은 그리스와 페르시아의 살라미스해전, 프랑스와 영국의 넬슨 제독이 죽은 트라팔가르해전, 그리고 영국과 스페인과의 칼레해전이다. 나는 우리나라의 명량해전을 넣어 세계 4대 해전이라 하고 싶었다. 그런데 역시 누가 명량해전을 넣어야 한다고 했다. 딴 나라에서는 미드웨이를 넣어 세계 4대 해전이라고 한다.

　창밖을 본다. 빗물은 흘러간다. 세월도 흘러갔다. 소동파가 난세의 영웅들이 한 줌의 흙이 되고 바람이 되어 흐르는 인생이 얼마나 허무한가를 느껴 적벽대전에서 적벽부를 짓듯 나도 비를 바라보며 난세의 신기를 펼쳤던 영웅들과 함께 이순신 장군을 생각하며 조국이, 삶이, 인생이 무엇인지 내리는 빗속 상념에 젖고 있다.

차경

차경(借景)이란 밖의 경치를 빌려서 보는 것으로 한다. 차경은 원래 우리나라 선조들이 집에 앉아서 창과 문밖에 수없이 다양하게 변하는 풍경을 빌려 보는 것으로, 나는 이 차경이란 말이 멋있게 느껴졌다.

서양 건축물은 밖에서 예쁘게 보이는 건축물을 훌륭하다고 평가하는데 동양에서는 안에서 밖을 보는 것을 중요하게 생각한 건축물이라 한다. 이런 차경의 최고의 건축물이 우리나라 정자라고 한다. 이 정자는 지붕과 뼈대만 있어 안인지 밖인지 구별이 안 되는 건축물이다. 그래도 정자는 안에서 앉아 밖의 경치를 본다는 것이다. 그리고 차경인 최고로 치는 건축물이 고궁 경회루라 할 수 있다고 한다. 경회루 2층에서 보면 벽 4면, 그 한 면마다 경치가 그야말로 유명한 명화라는 것이다.

그외 건축물에도 나름대로 차경이라고 부를 수 있는 것이 많다.

우리 어렸을 때 일반 집마다 대청마루에 작은 뒷문이 있다. 더운 여름에 이 뒷문을 열면 건물 뒷마당에 아기자기한 꽃나무, 화초 그리고 울타리 너머 보이는 먼 산도 잊을 수 없는 멋진 풍경이다. 나는 고향이 서울인데 집이 높은 지대에 있고 꽉 막힌 부엌의 뒷문을 열면 북한산 백운대의 바위가 한눈에 들어온다. 이 부엌문을 통해 경치를 빌려서 보는 것이다.

나는 이 바위에 햇살이 비치면 연분홍 살빛, 비가 오고 난 다음은 희고 맑은 우윳빛인 꽃 한 송이 같았다. 그리고 늙은 엄마는 안방문 창살에 붙인 작은 유리를 통해 밖의 사람 등 사물을 그리고 날씨 상태를 보면서 세월을 보냈다. 아마도 이런 것이 우리에게 익숙한 차경이다.

나는 여름, 겨울방학마다 시골 외갓집에서 보냈는데 그 집이 초가삼간이고 마당이랄 것도 없었다. 대신 사립문을 열면 마치 마당처럼 끝없이 펼쳐진 논이 보인다. 내가 작은 마루에서 진초록의 벼를 보면서 풋고추에 고추장 찍어 밥 먹던 생각은 서정적인 이미지로 남았다. 그리고 어쩌다 가을에 들리면 열어 젖혀진 사립문 사이로 바로 누렇게 익은 벼가 금빛 바다로 물결치는 것이다. 이 차경이 나를 평생 잊지 못하게 한다.

그리고, 영주 부석사를 갔는데 나는 '부석사'라고 현판 붙인 2층으로 된 누각에서 멀리 앞을 보았다. 지리산 첩첩, 산의 능선이 꽃잎같이 펼쳐지고 겹겹으로 주름진 골짜기에서 피어오르는 아련하고도 아스라한 신비한 광경을 보고 아! 누각을 통해 보는 경치, 차경이란 이런 것이구나 하고 생각했다.

그런가 하면 정말 눈물 없이 볼 수 없는 차경이 있다. 바로 작은 주택에 할머니 할아버지가 살았다. 두 분은 늘 손을 잡고 산책을 했다. 그런데 할머니가 가셨다. 그 뒤 할아버지는 도통 문밖에 나오지 않더니 어느 날부터 할아버지는 길로 낸 작은 창문에 얼굴을 보였다. 날마다 보이는 그 작은 창은 차경 역할을 하는 할아버지 얼굴이 찍힌 액자다.

할아버지는 창문으로 할머니와 평생을 보낸 골목길을, 지나다니는 사람, 그리고 꽃, 나무, 돌 하나까지 보며 하루를 보냈다. 그렇게 2년이 지났다. 그리고 언제부터인가 그 창문은 더는 차경이 아니었다. 할아버지가 가신 것이다. 나는 쓸쓸한 감정으로 할아버지 얼굴이 담긴 액자였던, 닫힌 창문을 바라보며 이 할아버지는 이 창문이 없었으면 어찌 살았을까? 하면서 차경에 대해 생각해 본다.

청보리밭의 노래

여기는 당진 보리밭이다. 너른 벌판에 좌악 깔린 진초록의 보리밭은 장엄하다. 초록 물결이 일렁이는 바다다. 나는 이렇게 대단한 보리밭을 둘러보니 마음이 감회에 젖는다. 나는 원래 밀, 보리를 잘 구별하지 못하는 숙맥이다. 그러다 이 장관을 보니 마음에 감회가 깊다.

나는 보리밭 사이에 놓인 의자에 앉았다. 보리의 빛깔 진초록은 젊음의 응축된 색이다. 모든 것이 싱그럽다. "어머니. 보리밭이 수채화 같아요." 며느리가 말한다. 그러면서 보리밭 사이를 제 남편과 돌아다닌다. 며느리와 아들이 보리밭 밭고랑 사이에 진초록 점이 되어 동동 떠 있다.

'쏴아~ 쏴아~' 보리가 내는 소리는 귀도 시원하고 머릿속도 시원해 가슴을 확 열어젖히게 한다. 몸도 마음도 허공으로 날아갈 정도다. 눈앞에서 보리가 이리저리 뒤집힐 때마다 색다른 초록빛으로 변하고 보리밭 소리가 신비스럽게 들린다. 나는 이 소리를 듣자 또 다른 신비스러운 소리가 생각났다. 그 소리는 한겨울 무섭게 바람이 부는 날 밤 소나무밭에서 내는 솔바람 소리와 비슷했다. 내 주위에 눈에 익은 것에서 한 발짝만 벗어나면 모든 것이 신비롭다.

그리고 나는 보리밭이 내는 소리가 두 가지로 들린다. 하나는 "좋아요, 좋아요. 이 푸른 오월이 너무나도 아름답고 좋아요." 하는 소리요, 또 하나는 "아파요, 아파. 얼른 오월이 지나가 보리가 누렇게 익어야 해요." 하는 소리로 들린다. 요즘 젊은 사람들은 무조건 푸름이 좋다고 하지만 나는 불과 몇 십년 전만 해도 보릿고개에 배를 곯은 어른들이 익지 않은 보리를 따서 호구지책으로 살던 생각을 하며 마음이 아린 것을 느끼는 것이다.

아이들이 찾아와 사진 찍자고 한다. 난 손을 저었다. 이 늙은 모습에 무슨 사진이냐고 하면서도 가슴이 행복감으로 뿌듯했다. 젊을 때는 영하의 날씨에 낮은 발화점에도 마음이 뜨겁게 끓어올랐는데 이제는 주위가 펄펄 끓는점에 도달해도 미지근하게 느낀다. 그런데 오늘만큼은 아이들에게 쏟아붓는 사랑은 화기가 없어도 가슴의 물이 동동 떠오르도록 조용히 끓는 것이다. 나이 들어 발화점이 낮아도 가장 가까운 내 혈육의 사랑과 자연이 조화롭게 발효되는 과정의 열기는 이렇게 뜨거운 것이다.

집이다. 나는 바람결에 흔들리는 시원한 청보리 소리가 환청처럼 들린다. 또한 영롱한 오월, 청보리의 초록빛이 눈앞에 삼삼하다. 내가 늙어도 초라하지 않게 살려면 나는 사랑하는 사람들과 자연과 자주 어울리는 삶을 살아야겠지 하는 마음을 갖는다.

콜라병 여인과 남편

우리 집 안방 문갑 위에는 늘 빈 유리로 된 콜라병이 놓여 있다. 그것도 하나가 아니고 두 개나 놓여 있다. 하루는 병에 꽃을 꽂으니 남편이 말린다. 남편은 병 그 자체를 즐기는지 그냥 놓고 본다. 나도 콜라병을 자꾸 보니 여인으로 보였다. 긴 목, 볼록한 가슴, 가는 허리, 그리고 흘러내린 병 아랫부분이 주름치마다. 다시 봐도 딱 여인이다.

그리고 특이한 것은 병이 세로로 홈이 파여 오목 볼록한 형태다. 이 요철 형태로 병이 깨진 한 조각을 봐도, 칠흑 같은 밤에 만지는 촉감으로 콜라병이라는 것을 안단다. 그리고 이런 등고선의 외형은 잡을 때 우선 손에 전달되는 파지(把持)감으로 마음이 편안하단다.
　그러고 보니 저녁에 일을 마치고 돌아오는 남편의 손에 콜라병이 들려있는 것은 심리적으로 이미 하루의 노곤함이 조금은 풀렸을 것 같다. 그리고 내가 봐도 남편의 두툼한 손에 쥔 병을 보면 여인의 허리를 감싸 안은 듯하니 남편의 기분도 괜찮을 것이다. 어떤 때는

남편이 병 채 입을 대고 마시다 혀로 병 주위를 핥을 때는 나는 이
그 저 변태 하며 남편을 보았다.

콜라는 우선 여인을 건드리듯 병마개를 따면 '퐁' 하고 터지는 소
리, 탄산가스가 '싸아' 하게 퍼지는, 하얀 김은 시원한 시각 촉각으
로 몸 전체로 전달된다. 그리고 음료는 혀끝에 닿자마자 '짜르르'
달착지근한 맛, 풍미 또한 눈을 감고 음미할 정도다. 그리고 로고의
글씨 형태는 Coca Cola의 첫 글자 C는 냇물 물줄기 같았고, 나중
에 글자 C자의 흐름은 마치 허공의 구름 한 자락이 연상되어 음료
는 자연 친화적인 천연수라는 느낌을 준다.

거기다 콜라병 여인의 가슴에 이글이글 타는 듯한 빨강 빛깔이
열정적으로 세상을 다 잡겠다는 집념처럼 보인다. 콜라병의 굴곡진
몸매와 로고의 글자는 소비자 감성에 호소하는 서정적인 마음을 본
다. 이것은 콜라를 마시기 전에 먼저 인간이 늘 추구하는 아름다움
으로 행복을 느끼게 하는 것 같다.

그리고 병 여인 입에서 쏟아내는 액체는 얼마나 마력의 빛깔인
가. 적당한 농도의 검은 액체의 흐름이 유연하게 컵을 채우고 로고,
병 생김새의 조합은 환상적으로 호흡을 같이한다. 여기에 혀만 닿
아도 육신이 녹아내릴 정도의 신비로운 맛이 여인을 완전히 가졌을
때의 기분과 비슷할 것이다.

이렇게 코카콜라는 세계인의 입맛을 마음을 휘어잡은 지 100년
이 되었다. 그래도 병의 형태나 음료의 색깔이나 로고를 바꾸지 않
고 유지되는 것을 보면 그 인기가 얼마나 대단한지를 실감한다. 그

러기에 세계적 주간지인 타임지에 처음으로 인물이 아닌 소비재로 콜라병이 겉표지를 장식했다는 것만 봐도 알 수 있다. 그러니 내 남편은 타임지에 오른 것이 병이 아닌 자기 여인으로 생각할 것이니 속으로 얼마나 흐뭇했을까.

그리고 코카—콜라에 대한 글이 있다. 앤디 워홀의 작인데 콜라 예찬과 더불어 평등을 말하는 것 같다. 나에게 이 시를 알려준 것도 내 남편이다.

> 미국에서는 부자든 가난한 사람이든/
> 상관없이 똑같이 코카-콜라를 소비한다/
> 대통령도, 세기의 여배우도/ 우리와 똑같은 코카-콜라를 마신다/
> 콜라는 그저 똑같은 콜라일 뿐/ 아무리 많은 돈을 준다 해도/
> 더 좋은 코카-콜라를 살 수는 없다/
> 모든 코카-콜라는 동일하며/ 똑같이 좋기 때문이다//

하루에도 몇 번씩 콜라병을 애무하며 즐기던 내 남편은 갔다. 나는 내 남편을 기리는 마음으로 문갑 위에 콜라병 여인을 그대로 두었다. 간간이 내가 콜라를 마실 때는 남편에게 한마디 한다. "여보, 내가 당신 애인 꿀꺽 해요."라고.

—인터넷의 글 참조

추석의 소리

추석 때쯤 나무 대문, 빗장을 열면 '삐걱' 소리와 함께 마당에는 쾌청한 날씨가 놀고 넉넉한 풍요로움이 있다.

깨끗하게 닦아놓은 장독대에 큰독, 항아리 작은 단지마다 간장 된장 각종 젓갈이 제 몸 녹여 발효시킨 소리가 숨죽이고 있다. 뒤 곁 바지랑대, 여름의 찌든 때 땀범벅이 된 이불잇 욧잇을 양잿물에 삶아 널은 옥양목 천이 훠이 훠이 바람을 부르며 구름 올라타는 흉내를 낸다. 그리고 이 빨래를 푸새해 다듬이질 소리는 온 동네 집집마다 각기 다른 타악기로 하모니를 이루는 교향악이다.

집안에는 또 다른 난타가 있었으니 결 따라 마름질한 새 창호지에 풀을 전체에 바르고 난 뒤 어머니가 입으로 '푸~우 푸~우' 하며 물을 뿜는 소리는 햇살에 작은 물방울 방울이 무지갯빛 햇살을 진동시키는 현악기다.

또한 방문의 창호지를 손가락으로 두드리면 문 창살 칸마다 크기가 달라 '도동 통' '통통' '동동' '도락 도락' 온갖 종류의 악기다. 지금 생각해도 아름다운 것은 이슥한 밤, 달빛 물결 쏟아질 때 방문 창호지를 튕기면 초가집 지붕 위 하얀 박꽃 터지는 소리를 듣는 것 같다. 또한, 이 타악기 소리는 겨우내 이어졌으니 겨울바람이 불 때마다 험하게도 정답게도 들리는 문풍지 소리다.

추석이 가까워지자 음식 준비로 내는 그릇 소리는 전자 피아노의 소리보다 더 경쾌했다.

술 항아리를 열면 '뽀로록 뽀로록' 소리는 통째로 먹이 삼킨 뱀의 소화기관에서 내는 소리 같고, 녹두 빈대떡을 부칠 때 돼지기름 녹인 두꺼운 철판에 '지지찍' 기름이 끓는 소리는 복 지경의 더위가 여름을 지지는 소리 같아 아무리 냄새가 좋아도 곁에 가기가 두려웠다.

명절 전날, 시장은 명절 쇠러 나오는 사람들로 북적거린다. 이때 물건을 하나라도 더 팔려는 상인들의 목소리는 비 오는 날 논에 온갖 개구리들이 모여 '와글와글' 글자 그대로 악마구리 끓는 소리였다. 그런 하루의 대목장이 끝나면 아저씨나 아주머니들은 초라한 술집에 모여 그동안 힘들었던 몸과 마음을 푼다. 앞에는 안주로 달랑 김치 하나를 놓고 막걸리를 마신다. 그리고 불콰한 얼굴로 대중가요를 시작한다.

오동추야 달이 밝아 오동동이냐, 황성옛터에 밤이 되니 월색만 고요해, 그리고 홍도야 우지마라, 오빠가 있다 등등 부르다 흥이 나면 젓가락 장단이 막 쏟아진다. 그 당시 사람들은 어찌 그리 머리가 좋을까. 요즘은 노랫말 가사를 하나도 못 외우는데 이들은 가사 하나 틀리지도 않게 서로서로 돌아가며 잘도 불렀다. 그리고 일어나 어깨춤을 둥실둥실 추기도 했다. 옛 시골서 물동이에 가득 담긴 물 위에 바가지를 엎어놓고 손장단을 맞추던 그 흥과 끼다.

나도 현대 가요나 팝송을 듣느라 잊고 지냈던 고복수의 노래 '짝사랑'이 생각났다.

> 아아 으악새 슬피우니 가을인가요/ 지나친 그 세월이 나를 울립니다/ 여울에 아롱젖은 이즈러진 조각달/ 물결도 출렁출렁 목이 멥니다// 아아 뜸북새 슬피우니 가을인가요/ 잊어진 그 사랑이 나를 울립니다/ 들녘에 피고 있는 임자 없는 들국화/ 바람도 살랑살랑 맴을 돕니다.

얼마나 아름다운 노랫말인가. 우리는 이런 서정적 분위기 속에서 감성의 폭을 넓혀 인성이 풍부한 소녀로 컸었고 아줌마로 지금은 살아남았다. 그리고 나는 우리나라 최초로 부부 가수가 된 고복수가 노총각 때 '알뜰한 당신'을 부른 황금심을 사랑하여 이 짝사랑을 부르며 얼마나 애타게 쫓아다녔을까를 생각하며 웃음을 짓는다.

추석날이다. 예쁜 추석빔을 입고 나온 아이들이 골목이 꽉 차 신나게 뛰어놀다 징징 울고 웃고 싸우고 아침부터 저녁 늦게까지 난리를 피운다. 앞집 할머니는 "아이고, 웬 아이들을 이리 많이 내질렀을까. 징그럽다, 징그러워." 하셨는데 70년도 안 지난 지금 아이들 목소리는커녕 애들을 구경할 수도 없다.

그리고 나에게는 또 다른 색다른 소리가 있었으니 추석 전에 엄마하고 목욕탕에 갔을 때 엄마의 둥근 궁둥이가 뽀얗고 예뻐 내가 손으로 만지면 '통 통' 소리가 튕겨날 것 같아 만지려고 하면 내 손을 때려서 '찰싹' 소리가 났다. 그 후 세월이 지나 나는 달항아리를 보았다. 나는 그 항아리를 마루 그릇장 위에 놓았다. 뽀얗고 둥그스름한 항아리를 볼 때마다 나는 엄마 궁둥이가 생각나 손을 대려고 하면 여지없이 목욕탕에서 맞았던 '찰싹' 소리가 들려 멈칫했다.

 오래전 들었던 정겨운 소리. 지금은 희미한 옛사랑의 그림자로 허공을 맴도는 소리뿐이다.

추억은 아름다워라

나에겐 평생 단 하루뿐인 아름다운 추억이 있다. 나는 50대 후반 큰아들 집에서 어린 손주를 돌보러 잠깐 수원에서 살았다. 당시 그 주위는 논이고 밭이 있는 청정지역이었다. 남매를 어린이집에 보내고 햇살이 유난히 눈이 부신 날, 나는 늘 보는 논과 밭을 둘러보며 집으로 돌아가는데 별 이상한 광경이 눈에 띈다. 밭을 갈던 농부가 잠시 일에서 손을 떼고 시를 읊고 있는 것이었다.

흙을 만지며 사는 남자가 푸른 초원에서 밭의 일을 하는 것도 목가적인데 시까지 읊다니. 나는 정신이 뽕 갔는지 나도 모르게 밭으로 들어갔다. 남자는 영화에 나왔던 윌리엄 워즈워스의 시 '초원의 빛' 일부를 읊는다.

한때는 찬란한 빛이었건만/ 이제는 속절없이 사라진/
다시는 돌아올 수 없는/ 초원의 빛이여/
꽃의 영광이여/
그 시절이 다시 오지 않은들 어떠리/

라고 읊는다. 나는 조심스레 시를 경청하다 시 마지막 구절엔 나도 거들어

우리는 슬퍼하지 않고/
오히려 남아있는 것에 힘을 얻으리//

이렇게 둘이 시를 함께 끝을 냈다. 와! 이 장면은 지금 생각해도 환상이었다. 나이 비슷한 남녀가 연두색 빛 대지 위에 서서 꿈을 꾸듯 몽롱한 상태로 하늘을 보며 시를 읊는 것은 이 세상에서 그리 흔하지 않은 아름다운 그림이었다. 내 가슴엔 희열이 물결쳤다. 주위는 유난히 햇살이 희고 넘쳐나 모든 것이 눈이 부셨다.

남자는 밭일을 뒤로 미루고 나하고 상수리나무가 우거진 숲속을 산책했다. 야트막한 칠보산 초입의 숲은 언제나 다정했다. 이미 영혼으로 스며드는 시를 읊은 뒤라 나의 감정은 가벼운 흥분으로 들떴다. 둘은 걸으면서 아득한 학생 시절 청춘남녀의 애절한, 이루지 못하는 첫사랑을 그린 추억의 명화를 신나게 얘기했다.
마치 내가 사랑으로 정신병을 앓는 여주인공 나탈리 우드인 듯한 기분도 느꼈다.

나는 이미 시를 같이 읊고 나눈 대화로 그 남자의 외모, 인품, 지식, 감성에 매료됐다. 나는 산 정상에 앉아 주위를 둘러본다. 공기가 맑다. 봄바람이 분다. 물을 들이지 않아 희디흰 그 남자의 머리칼이 바람에 나부낀다. 간간이 주고받는 미소는 샘물처럼 달고 싱그러웠다. 나뭇가지마다 어린 초록 날개를 펼친 듯 연한 새잎에 천사들의 복음 같은 이슬을 보며, 나는 자연의 아름다움을 즐겼다. 또

한, 이 남자와 같이 있다는 것만으로도 좋은 감정을 소중하게 보듬었다.

집에 와서 나는 그 남자를 생각했다. 오늘 오전은 너무 멋있고 근사한 하루였다. 그리고 그 남자는 너무 잘 생겼고 멋있다고 생각했다. 그리고 중얼거렸다. '사랑은 논리보다 먼저, 더 사랑하고 덜 논리적으로 하라'는 글이 있지 않은가.

어, 이게 뭐야. 지금 내가 무슨 생각을 하는 거야. 오늘 오전에 한 행동이 사랑인가? 나는 지금 내 마음이 그 남자로 인해 행복한가? 하고 다시 곰곰이 생각했다. 나는 고개를 저었다. 착각하지 마. 시가 있어 좋았고, 산책길이 좋았고, 연두색 빛 나뭇잎들이 좋을 뿐이야. 남자는 그냥 스치는 바람이었어. 그렇지만 그 남자는 너무나 멋져. 그것마저 부정하지는 말자.

나는 혈액 속에 녹아든 사랑 비슷한 잔영으로 가슴엔 오묘한 감정이 감돌았다. 그 후 난 늘 그 시간에 그 사람이 밭일하는 것을 먼 발치로 보았다. 간간이 일하다 얇은 시집 같은 책을 보고 있는 농부를 보면 난 막 뛰어가 같이 읽고 신나게 대화를 나누고 싶으나 감정을 자제하고 집으로 돌아왔다.

세월이 많이 흐른 지금, 난 한번 만났던 그 남자를 생각해 본다. 지금 나이가 내 나이쯤 되었을 텐데, 밭에서 아름다운 시를 같이 읊던 장면이 아련하게 떠오른다. 아름답고도 고운 추억이었다.

코로나19 때의 생활

　요즘 바이러스 코로나19로 인해 세상이 참담할 지경이다. 사람이 날마다 병이 들고 날마다 죽어간다. 나날이 비명이 천지를 덮었다. 그리고 내 혈육, 일가친척도 두려움으로 서로 격리하고 집에서만 소식을 듣고 전한다. 한 예로 딸 집에 갔다가 모녀가 다 걸려 죽었고, 죽어가는 부모의 모습을 병원 유리창을 통해서나 볼 수 있는 참담한 세월 속에 있었다.

　우리 모두 갈 곳이 없다. 늘 집에만 있으니 너무 심심하고 갑갑하다. 결국은 숲길을 산책하면서 푸른 나뭇잎을 보며 마음을 위로받는다. 간간이 사람 구경을 해도 마스크를 쓴 채 서로 눈으로 인사를 하며 안녕을 빌어 준다. 각자 떠도는 섬이다. 그래도 사람을 만나는 기쁨이 있어 매일 나갔다. 그리고 작년에 이어 올해도 코로나로 인해 비상이다.

　나는 시간을 보내고 싶어 문을 연 커피점이 있으면 커피를 마시며 책을 본다. 만나지 않고 서로 소통하는 방법으로 컴퓨터 수업, 줌으로 공부했다. 나는 원래 미술에 소질이 없는데 소질이고 뭐고 선택의 여지가 없다. 모래예술도 배웠다. 잘은 못해도 매일 새로운 작품에 도전했다. 모래예술 작품을 위해 모래로 도미나루, 도미와 도미 부인의 그림을 그렸고 나중에는 이 그림을 갖고 도미극을 연출했는데 내가 도미 부인인 아랑 역할을 잘해 지루한 시간을 재미있게 보냈다.

다음엔 또, 줌 수업인 그림 그리기에 동참했다. 그냥 연필로 그리는 단순한 작업인데 일주일 동안 날마다 그림일기를 그려 서로 발표를 한다. 그런데 나는 열심히 수업에 참석했다. 나는 그림에 글 몇 자를 붙였다.

　　어느 봄날/ 멋진 남자의 미소/ 내 몸에 무늬 지더니/
　　어느새/ 날 닮은 병아리 세 마리/ 꽃밭에서 노네//

다음에 석상을 그렸다. 에게해 동쪽 사모 트라케 섬에서 수백 개의 조각으로 깨진 돌을 발견해 일일이 붙여 몸통을 이룬 석상이다. '니케'는 그리스 신화 승리의 여신이라 부른다. 이름은 '사모트라케의 니케'의 석상은 바람에 날리는 옷자락이 신비로울 정도로 아름답고 균형도 잘 잡힌 압도적인 석상이라고 한다.

하늘에서 여신이 날아 배 난간에 사뿐히 내려서는, 또는 날아오를 듯한 아름다움의 극치를 이루는 석상. 이 석상은 팔과 목이 없어도 이 자체가 너무 아름다워 보수할 필요도 없이 그대로 루브르 박물관, 첫눈에 띄게 전시되어 있단다.

나는 그림을 그리기 전 고민했다. 내가 이 아름다운 여신 석상의 모습을 어찌 그릴 것인가, 석상 속살에 붙은 듯 살살 스리슬쩍 스쳐 바람에 휘날리는 옷자락을 어찌 표현할 수 있을까. 그래도 나는 그리고 싶었다. 나는 용기를 내 새벽 3시부터 일어나 연습했다. 물론 그림은 형편없지만 그렸다는 자신이 대견했다.

그리고 사모트라케의 니케, 석상에 대해 더 부연 설명하자면 우리가 신고 있는 신발, 옷의 로고 '나이키'를 이 석상에서 이름을 땄고 또 영화 '타이타닉'의 뱃머리에 서서 두 주인공 남녀가 두 팔을 벌려 연출한 것도 이 석상에서 얻은 아이디어란다.

이렇게 여러 가지 그린 그림이 꽤 되었다. 나는 시청 앞 '하다'에서 그림 전시회를 했다. 친구들이 왔고 젊은 분들이 그림과 시를 보며 칭찬하며 친절하게 희망의 메시지를 그림 밑에 붙여주며 열심히 사셔서 보기 좋다고 한다.

나는 지금도 루브르 박물관에 첫발을 디딘 순간 황홀하도록 아름다운 '사모트라케의 니케' 석상은 아프로디테의 미인보다 더 환상적인 여신의 바람에 날리는 머리칼, 옷자락을 상상하면서 그린 내 작품이 나를 행복하게 해주었다.

홀로 지내는 방법을 터득하느라 여러 장르의 예술을 접하려고 노력했으며, 그리고 나만의 시화전을 가진 나는 코로나 19의 고통이 내 마음의 부담을 덜어주어 다행이었다.

한 글

한글날이면 나는 방과 후 수업 때 학생들에게 간단한 시나 동시를 쓰고 동요도 부르게 했다. 나는 동요 '누가 누가 잠자나'를 올린다.

    넓고 넓은 밤하늘에 누가 누가 잠자나. 하늘나라 아기별이 깜빡깜빡 잠자지.
    깊고 깊은 숲속에서 누가 누가 잠자나, 산새 들새 모여앉아 꼬빡꼬빡 잠자지.
    포근포근 엄마 품에 누가 누가 잠자나, 우리 아기 예쁜 아기 새근새근 잠자지.

나는 가사를 보면 한글인 순우리말이 어쩜 이렇게 예쁠까? 그리고 어쩜 이리도 순한 마음을 표현할 수 있을까 하는 생각이 들었다. 그리고 내가 이런 언어를 매일 쓰며 산다는 사실이 감동으로 다가왔다. 그리고 요즘 10개의 손가락으로 컴퓨터의 자판을 두드릴 때는 근 600년 전 세종대왕께서는 어찌 이리 후일을 내다보고 이런 글자를 지으셨을까 하는 생각이 들었다.

한글날이 국경일. 세계에 어느 나라에도 없는 독특한 기념일이다. 자신들이 사용하는 문자가 자기 나라에서 만들어진 날짜를 기념하는 나라는 오직 우리나라뿐이다. 나는 요즘 유튜브에서 한글에 대한 외국학자들의 견해가 나오는 것을 들었다.

영국의 존맨이라는 학자가 한글은 단순하고 효율적이고 우아하다. 한글은 알파 문자의 모범답안이고 위대한 인류의 가장 지적 성취 중 하나다. 한글은 모든 언어가 꿈꾸는 세계 최고의 글자라고 극찬했다. 시카고의 제임스 멕콜리대학 교수는 글자와 소리가 1:1로 대응하고 자음과 모음이 한눈에 보이는 이렇게 정교한 음소 문자가 1400년대에 만들었다는 것은 기적이라 했다.

'총, 균, 쇠'의 저자 다이아몬드는 한글은 세계 최고의 독창적이고 창조적인 글자다. 세계의 모든 언론학계는 한글창제에 대해 마땅히 경축해야 한다고 단호하게 말했다. 그리고 '대지'의 작가 펄벅은 세계의 한글 이상의 글자는 없다며 자신의 이름도 박진주라고 지었을 정도다.

이렇게 한글은 우리나라보다 외국학자들에게 더 잘 알려졌다. 한글은 24개의 자음과 모음의 조합으로 1만 개 이상의 발음이 가능한 것이 한글뿐이라고 했다. 또한, 지구에서 최고로 빨리 타이핑을 칠 수 있고 한글의 자음, 모음은 마치 예쁜 도형 같다고 했다. 이러한 것도 백성들 눈에 익은 것을 만들어 쉽게 배우게 하려는 세종대왕의 의도가 깔렸다고 했다.

나는 이 글을 읽으면서 고개를 끄떡거렸다. 한글은 우리가 말하는 무슨 소리든 다 글자가 된다. 하다못해 동물의 소리, 물소리, 바람소리 그리고 의태어 의성어를 생각해도 그렇다.

그뿐인가 쓰디쓰다, 차디차다, 짜디짜다 등의 첩어도 신기하고, 한술 더뜬 준첩어 갈팡질팡, 애면글면, 아기자기, 허둥지둥, 알록달록, 옹기종기 등 글이 얼마나 재미있고 예쁜가. 물론 외국에도 이런 글이 있기는 하지만 10여 개를 넘지 못하는데 우리나라는 4글자의 첩어가 100개가 넘는단다. 대단하다 못해 기가 찰 노릇이다.

나는 개인적으로 6글자로 된 준첩어가 얼마나 흥미로운지 모른다. 예로 어중이떠중이, 엎치락뒤치락, 미주알고주알, 곤드레만드레 등이다. 또한, 내가 글을 쓰는데 하늘이 희끄므리하다, 파르스름, 노르끄럼, 노리끼리하다는 색채 형용사를 쓴다면 외국어로서는 흉내도 못 낼 정도구나 생각했다.

세종대왕님이 한글을 창작하셨을 때 가엾은 백성을 위한 애민정신과 홍익인간의 이념을 바탕에 깔고 만드신 것은 누구나 다 안다. 물론 단군조선 때 이미 이 글자의 원본이라는 '환단고기'에 나오는 2000년 전 가림토문자, 신화로 떠도는 고조선 이전의 신시시대, 배달국의 신하인 환웅이 만들었다는 녹도문자 설도 있다. 하지만 세계 언어학자들이 내린 결론으로 한글은 오직 세종대왕님의 혼자만의 창작품이라고 했다.

나는 소중한 '훈민정음혜례본'에는 한글의 만든 날짜, 만드신 목적, 방법이 전부 기록되어 세계인이 모두가 칭송하는 한글이라는 것을 알았다. 그리고 이 책이 광해군 때 불길, 일제강점기, 6·25 전쟁 속에서도 이 무사히 살아남은 것에 대해 하늘에 감사했다.

나는 세종대왕님께 감사함은 물론이고 이 한글 발전을 위해 애쓰신 주시경 선생님 외 많은 분, 그리고 훈민정음혜례본을 우리 품으로 돌아오게 한 간송 전형필 님께 감사를 드렸다. 그리고 한글을 기계로 쓸 수 있게 길을 터주어 세계에 정보통신 강국, 선진국이 되게 해주신 선각자인 안과의사이기도 한 공병우 님께도 감사를, 정말 모든 분께 감사를 드렸다.

현재 우리나라의 IT산업이 발달한 가장 밑바탕에는 오로지 쓰기 쉽고 컴퓨터 운용이 쉬운 한글 때문이라고 나는 생각했다. 그러기에 앞으로도 한글 덕분에 문화 경제 산업 등 모든 부문에서 우리나라가 세계의 최고의 강국이 될 것이라는 믿음으로 이 글을 쓴다.

－이 글은 유튜브 '박영규 님의 설명'을 많이 참고하였음

할머니 남매

내가 잘 아는 할머니 이야기다. 할머니는 종이상자를 줍는다. 일찍 일을 시작해 한나절 일한다. 그렇게 번 돈 2, 3천 원이 생기면 할머니는 신바람이 난다. 할머니는 70세가 넘었는데 형제 중 하나 남은 남동생이 중풍으로 누워 있다. 이 동생이 가장 좋아하는 것이 팥빵이라 할머니는 이 돈으로 팥빵을 샀다.

걸음을 재촉하는 할머니. 문 여는 소리에 '누나' 부르는 소리가 정겹다. 늘 부르고 늘 듣던 '누나'라는 말이다. 동생을 보자마자 할머니는 입도 손도 바쁘다. 올케는? 오늘은 뭐 좀 먹었어? 입맛은 돌아왔어? 애들한테 전화 왔어? 어디 아픈 데는? 할머니는 화장실에 가 수건에 물을 축여 몹시 더울 동생의 몸을 닦아준다. 그리고 쉴새 없이 동생 신상에 대해 세세하게 살피며 묻는다.

누나의 목소리로 동생은 얼굴에 생기가 돈다. 빵을 주니 동생 얼굴이 환하다. 누나는 동생을 안아 무릎에 비스듬히 앉히고 창밖을 보여준다. "자, 오늘 구름 좀 봐라. 저 흰 구름이 커다란 새 같구나.

저 흰 깃털 좀 봐." 하늘은 하늘 높이 바람이 부는지 한가득 깃털 구름이 날린다. "자, 손 좀 뻗어 봐. 깃털 구름이 손에 잡힐 것 같구나." 누나는 동생의 못 움직이는 팔을 잡아 창밖을 향하게 했다.

동생이 말한다. "누나, 어제는 구름이 바다 가운데 섬이 되어 둥실둥실 떠서 다녀. 어디로 흘러가는지 꼭 우리 인생 같아. 오늘은 새가 되어 날아가네. 하늘은 늘 요지경 속이야, 나타났다가 스러지는 신기루 같아. 수시로 변하지." 동생 말에 누나는 "그래, 네가 매일 하늘이라도 볼 수 있으니 다행이다. 구름을 보고 먼 곳에 산도 보고~." "누나, 안개 낀 날은 가물가물 아무것도 보이지 않아. 그런데 내가 그곳에 서 있는 것 같아. 그리고 먼 곳을 향해 어디론가 떠나는 것 같아. 그날이 언제 올지 몰라 빨리 왔으면 좋을 텐데…."
"누나, 옛날 생각이 나네. 서울 왕십리 살곶이다리, 뚝섬 유원지 그리고 누나랑 엿 공장 찾으러 하왕십리에 철길을 건널 때 아래를 보면 물이라 나는 너무 무서워 막 울었지." 누나는 듣고만 있다. "누나, 우리 옛날에 한 이불 덮고 잘 때 이불 속에서 사~악 사~악 소리가 들렸어. 난 이불을 젖혔지. 누나가 사과를 혼자 몰래 먹는 것을 알았거든. 나는 떼쓰고 싸웠지. 그리고 누나한테 뺏은 그 사과가 얼마나 맛있었던지." 아! 하하하, 하하하. 남매가 오랜만에 호탕하게 크게 웃는 소리에 창문 곁 배롱나무 꽃이 흔들렸다.

동생 침대에 동생과 함께 모로 누운 누나가 아주 곤하게 단잠을 잔다. 간간이 가난하고 소박한 남매가 부여안고 우는 눈물방울은 아침, 작은 들꽃의 이슬이 될 것이다. 나는 할머니, 남동생과 함께 건강하시기를 바라며 지난 추억의 아름다운 시절을 생각하며 즐겁게 살기를 진심으로 바란다.

할머니의 이성친구

내가 사는 아파트에 82세 되신 할머니가 청소 일을 하신다. 남편을 잃은 후 40년 넘게 청소 일만 하셨고, 그 비결로 지금도 일하신단다.

추운 계절 찬 날씨에 나는 몸을 움츠리고 다녔다. 그런데 할머니는 일을 한참 하신 뒤라 덥다고 하신다. 그리고 반팔 티를 입고 큰 길에서 턱 버티고 서 노익장을 과시한다. 나는 심심하면 일하는 할머니가 잠깐씩 쉬는 쉼터에서 커피를 얻어 마셨다. 하루는 할머니가 어떤 남자와 통화를 하신다.

할머니는 "네, 일 끝났어요. 곧 나가요." 하신다. 내가 누구냐고 물었더니 86세 되신 남자 친구란다. 그러더니 서둘러 화장을 하기 시작한다. 그리고 살이 축축 처진 목에 문방구에서 산 싸구려 진주 목걸이를 하신다. 난 "그 가짜 목걸이 하지 말아요." 하려다 입을 꼭 다물었다. 대신에 옷 입는 것을 도와 드렸다. 그리고 "얼레꼴레리, 누구누구는 연애한데요." 하며 나는 놀리고 웃었다.

할머니 말씀이 일찍 혼자되어 온갖 고생을 다하셨단다. 그리고 애들 보내고 혼자 산 지 30년이 되었단다. 그동안 혼자 살아온 인생이 너무 허무해 간간이 밤이면 눈물을 흘렸는데, 지금 할아버지를 안 뒤로는 마음이 훈훈하다고 하신다. 근래에도 간단히 수술을 받았는데 할아버지가 병원까지 오셨단다. 그리고 여러 가지를 도와주고 불안에 떨고 있을 때 손을 잡아주어 마음에 위로가 됐으니 오늘은 근사한 밥이라도 대접한다고 약속했단다.

비록 등은 약간 굽고 일그러진 몸이지만 운동화 차림에 언제 장만했는지 선글라스 끼고 가방을 들고 나가시는 모습이 그 어느 장년 부럽지 않은 모습이다. 나이가 들었어도 궂은 일이나마 하시어 노인치고는 거금을 벌어 남자 친구에게 밥을 사신다는 할머니. 그 당당한 뒷모습이 참으로 의젓했다.

다음날 사랑을 담뿍 받은 할머니는 몸의 죽은 세포가 다시 살아났는지 얼굴이 밝았다. 그리고 힘차게 일을 하시니 아파트는 더욱 청결했다. 언제나 위대한 것은 주고받는 사랑이다. 그리고 그 사랑이 사람을 살리는 명약이다.

함백산 산행기

　나는 오랜만에 모임에서 강원도 정선군 함백산을 간다기에 나도 따라서 나섰다. 물론 나 같이 산을 못 타는 친구들이 많아 어느 정도까지는 차로 올라갔다. 평지만 밟고 산을 오른다고 해야 인왕산 오르는 것도 헉헉대는 내가 지금 1200m 고지에 서 있다. 나는 이곳에서 앞으로 더 높은 정상을 가겠다고 하는 산 친구들은 신기한 듯이 바라보고 있다. 공기도 산행 친구들 얼굴도 신선했다.

　곁에는 나뭇잎이 더욱 초록빛으로 빛나고 빨강, 노랑, 하양, 보랏빛 앙증맞은 꽃들, 깨알 크기의 꽃들이 깜찍하고 예쁘다. 평지에 피어 있는 꽃보다 색상이 선명하다. 사람 손이 덜 타는 곳에서 피어난 꽃들은 겸손하고 소박하다. 이 꽃들의 모습이 정적으로 가슴에 안긴다. 그리고 어린 나리꽃 계집이 부끄러운 줄도 모르고 꽃잎들을 홀라당 뒤집고 긴 혀를 내어 해롱거리듯 꽃 수술을 드러내 벌 나비를 유혹한다. 어디서 그런 생존하는 법을 배웠을까. 조물주에 감탄했다.

우리는 산행팀과 주위 둘레길팀으로 나뉘었다. 둘레길은 산길을 잘 아는 친구의 지시대로 숲속을 걷는다. 깊은 숲속은 쭉쭉 뻗은 나무로 가득 차고 흙길은 검고 부드러웠다. 천년도 넘어 보이는 큰 나무는 번개가 때렸는지 나무의 굵은 몸통이 으깨져 토막 나고 줄기는 찢기고 표피는 험상궂다. 이 나무는 꽤나 살려고 적지 않게 몸부림친 듯한 모습이다. 그래도 검게 탄 죽은 나무가 산 정상을 턱 버티고 서서 의젓하게 산 나무들을 지키고 있다. 그리고 우리에게 산, 나무들의 궤적을 일일이 들춰내며 지난 세월을 전설인 듯 주저리주저리 풀어내고 있는 듯 보였다.

나는 보는 것마다 신기해 동공이 커지고 귀는 작은 소리에도 쫑긋하다. 어쩌면 생전 처음 맡는 태고 적 내 본래 태생인 구수한 흙 위에 뒹굴고 맛보고 싶어진다. 우리의 산행은 엄마의 가슴을 더듬는 추억의 길, 사랑의 길, 그리움의 길이다.

어느 정도 산을 오르니 눈 아래 산의 정상들이 한눈에 들어온다. 하늘은 폭발하듯 치솟는 흰 구름, 뚝 떨어져 있는 앞산의 아스라한 허리띠 같은 가는 길이 산속으로 길게 나 있다. 나는 까마득하게 멀리 보이는 길을 보며 저 길을 계속 따라가면 하늘로 오르나? 선경으로 가는 길인가? 길이 끊어져 오래 숲에 머물면 산귀신이 될까? 신선이 될까? 나는 꿈속을 더듬고 있다.

그런데 이런 정경에서 시나 한 수 지었으면 얼마나 좋을까. 시를 짓고 싶어도 이 신기로 가득 찬 곳에서 시상은 떠오르지 않고 배만 고프다. 나는 슬프게도 밥을 먹는다. 그런데 밥맛이 어찌나 단지 모른다. 내 가슴에 산 공기, 나무, 흙냄새로 가득 찼다. 이 높은 곳 근처에 가게가 있어 들려보니 말린 작은 야생 국화꽃을 판다. 두 개를 샀다. 집에서 이 싱그러운 공기 꽃향기를 맡고 싶을 때 이 꽃차를 마실 것이다.

　이번 여행, 함백산에 올라 감탄사를 두루두루 꾹 찍고 이곳저곳 즐긴 시간을 두르르 말아 쥐고 집에서 토막낸 시간을 퍼즐 맞추듯 이어서 펼쳐놓으면 평생을 그리워해도 남을 여행일 것이다. 좋은 사람을 만나 어울리고 이렇게 가끔 신선이 옛적에 살았던 곳을 찾아 더듬어 자연과 하나도 되어보는 것은 얼마나 내 생활을 신선하게 할 것인가 생각만 해도 즐겁다.

　나는 집 근처에 있는 검단산을 처음엔 조금씩 올라가 종아리에 근육을 키워 정상도 밟아보고 조금 먼 청계산 수락산도 가고 싶다. 이렇게 자연과 격의 없는 소통으로 삶의 깊이도 폭도 넓혀 영혼을 일깨우는 불씨를 보듬으면 오늘은 좋은 날, 내일도 좋은 날, 그리고 나날이 좋은 날이 될 것을 기대해 본다. 이것으로 산행기를 마친다.

나팔꽃 같던 형제

아침이다. "형, 빨리" 동생이 재촉한다. 형은 부지런히 준비하고 동생하고 학교로 향한다. 그러면서 형은 동생보고 "너 신주머니?" 동생은 "아차" 하며 부지런히 뛰어 집을 향하고 형은 동생을 기다린다. 형제는 학교에서 공부가 끝난 후 동생이 형을 기다려 꼭 같이 온다. 여기까지는 아주 의좋은 형제다. 그러나 집에 도착 후에는 양상이 달라졌다.

우리 집 대문 밖에서 온 동네의 애들이 모여 뛰어논다. 내 아들들, 형제도 같이 논다. 좀 있다가 동네 애들이 내 집으로 뛰어 들어와 급히 나를 찾는다. "00 엄마, 둘이 막 싸워요." 안 봐도 뻔하다. 형제가 서로 멱살을 잡고 땅에 뒹굴며 싸울 것이다. 나는 아이에게 말한다. "내 버려둬라. 이기는 놈도 내 자식이고, 터지는 놈도 내 자식이다." 얼마 안 돼 작은 녀석이 들어와 엄마를 부르며 대성통곡을 한다.

정말 이상한 것은 작은 것이 제 나이 수준에 맞는 친구와 같이 놀면 되는데, 꼭 형 친구들과 놀아 늘 얻어터져 울고 불고다. 작은 녀석이 형들의 말을 안 듣고 제 고집대로 하려다 결국은 얻어맞는 것이다. 집안에서도 마찬가지다. 집이 좀 조용하다 싶으면 이놈들이 심심한지 또 시작한다.

그런데 집에서는 문제를 일으키는 쪽은 능글맞은 형이다. 한번은 형이 종이에 작은 얼굴을 그려 벽에 붙여 놓는다. 그림은 입을 조그맣게 눈을 약간 처지게 그렸다. 그리고 오며 가며 한 대씩 때린다. 이걸 보고 작은놈이 펄펄 뛴다. "엄마, 형이 나를 막 때려. 저 그림은 바로 나야." 그런다. 그러니 나를 때리는 것 같다며 형을 쫓아다니다 결국은 격투가 벌어진다. 난 그림을 보고 정말 둘째 아들 비슷하게 그려 웃음이 터지려는 것을 참았다. 이럴 땐 형제의 싸움이 예술 행위 같았다.

한번은 시골 친척 집에 다녀오는데 뒤에서 "어머나 쟤들 좀 봐." 하는 소리가 들렸다. 둘이 버스 바닥에 구르면서 싸우는 것이다. 난 막내를 안고 또 짐도 있어 어쩔 수가 없었다. 그러자 주위 어른이 "이놈들 그만해!" 하자 싸움이 수습되었다.

한 번은 어린이 공원에 갔다. 그곳에는 놀이기구가 있는데 바로 허공에서 비행기 타는 것이 있었다. 그런데 나는 너무 놀라 죽을 것 같았고 주위 사람들도 전부 숨을 죽이고 위를 보며 걱정을 했다. 이 형제 놈들이 공중에 뜬 비행기에서 서로 운전대를 잡으려고 실랑이를 하는 것이다. 급히 비행기를 땅으로 내려 무사했지만 나는 지금 생각해도 소름 끼치던 광경이었다.

그래도 이상한 것은 학교는 갈 때나 올 때나 꼭 같이 붙어 다녔듯이 형이나 동생 중 하나가 남의 아이와 싸우면 다른 한 놈이 꼭 역성을 들어 같이 거든다. 허기사, 당시에는 형제 중 하나가 싸우면 으레 형제들이 다 동원되어 마치 형제들 싸움판이 되는 것이다. 그래서 구경하던 사람들이 자식 많이 낳아야지 외자식 두면 어디 서러워 어디 살겠느냐는 소리가 나왔다. 얼마 안 된 세월이지만 아득한 것 같다.

지금은 성인이 된 형제가 의젓하다. 어미가 마련해준 술상에 술 한 잔씩 하면서 세상 돌아가는 얘기를 하는 이 아들들이 얼마나 기특한지 모른다. 나는 잠깐 옛날에 싸우며 자란 지난 옛이야기를 하니 저희도 우스운지 '쿡쿡' 웃음을 참는다.

나는 형제를 본다. 그들은 꽃이었다. 지난 세월 형제가 치열하게 싸운 뒤 바로 두레반상에 언제 싸웠냐는 듯 마주 보고 희희낙락하고 지낸다. 그것은 그들이 앞으로 각자의 삶을 살아내려는, 커가는 하나의 과정이었다. 그렇게 컸기에 사회에 나가 건강한 사회인이 될 수 있었던 것 같다.
나는 하루하루 아침마다 새로 핀 싱그러운 나팔꽃 같았던 아이들을 생각하며 형제들을 바라보고 웃음을 짓는다.

호박죽 고친 것

딸한테서 전화가 왔다. 호박죽을 사 먹으러 가자고. 나는 사양을 했지만 구지 사준다고 나오라 한다. 나는 이 딸을 키우는데 잊지 못할 두 가지 사건이 있었다. 딸이 두 살쯤 됐는데 남편이 잡아온 미꾸라지를 세숫대야에 풀어 놓았다. 그런데 아장아장 걷던 딸이 이 물고기가 이상스러운지 손을 넣었는데 물고기가 잡힌 것이다. 아니! 우리 모두 깜짝 놀랐다. 저 아기 손에 어찌 아주 미끄럽고 빠른 물고기가 잡혔을까? 그런데 어찌나 손아귀 힘이 강한지 물고기가 손에서 빠져나오지 못했다. 그리고 더 놀란 것은 딸이 물고기 잡은 손을 입으로 가져가는데 물고기가 절로 목구멍으로 넘어갔다. 나는 순식간에 일이라 멍하니 보고만 있었다.

또, 한 사건은 우리 집은 길 옆집인데 나는 마루에서 낮잠을 잤다. 그런데 지나가던 누가 나를 황급히 깨우며 이 집에서 똥 냄새가 진동하고 흐릿하게 아이 우는 소리가 들린다고 한다. 나는 깜짝 놀라 변소로 뛰어갔다. 맙소사! 네 살된 딸이 똥통에 빠져 머리만 내

밀고 울고 있는 것이었다. 상황은 안 봐도 뻔하다. 바로 위 오빠와 서로 먼저 화장실을 이용한다고 싸우다 이런 일이 일어났고 아들 녀석은 혼날까 무서워 어디론가 없어진 것이다. 그래도 거름 풀 때가 되었는데 아직은 똥이 덜 차 아이 머리가 똥물 위로 나와 있는 것이 천행이구나 싶은 생각으로 나는 '휴' 하고 한숨을 쉬었다.

동네는 똥 냄새가 진동하고 빠른 소문으로 우리 집은 구경 온 사람들로 빽빽했다. 나는 주위 어른들의 도움으로 아이를 꺼내 씻기고 혹여 똥독이 오를까 봐 누가 구해준 약을 먹였다. 나는 급히 끓인 팥죽을 변소에 놓고 두 손을 비비며 열심히 빌었다.
"비나이다, 비나이다. 뒷간 신이시여, 이 팥죽 많이 드시고 어린 생명 탈 없이 자라도록 제발 해코지하지 마십시오." 나는 어린 딸을 위해 마냥 빌었다.

그러면서 생각나는 것이 있다. 10월 상달에 엄마는 성주신, 터주신, 조왕신 등 12대감 신께 가정의 안녕을 빌었는데 그때 뒷간을 지키는 측신에게도 붉은 팥이 두둑하게 얹힌 시루떡을 놓고 빌던 모습이 생각났다. 나는 엄마에게도 감사를 드렸고 하늘 땅을 둘러보며 주위 모든 신께도 두 손을 모았다. 그 후로 난 딸이 변소에 가는 것을 무서워하기에 땅에서 일을 보게 했다. 그리고 한 번은 봄이기에 오물이 묻은 흙은 뒤뜰 한쪽에 땅을 파고 묻었다.

다음 해 봄, 나는 뒤뜰에 호박씨를 심었다. 그랬더니 호박은 똥을 묻은 흙이 거름이 되었는지 누런 덩어리 호박이 여러 개 달렸다. 나는 작은 것은 겨울에 김칫국에 넣어 끓여 먹고 떡을 하려고 호박고지를 만들었다. 크고 잘생긴, 빛 좋은 호박은 겨울 장식품으로 거실에 놓았다. 그러고 보니 거실에는 둥글고 넙데데한 달덩이 같은 호박이 꼭 딸을 닮았다.

이른 봄, 호박이 썩으려고 해서 호박죽을 쑤었다. 나는 지난 여름, 혼이 날 때 도와준 동네 사람들을 모시기도 하고 못 오시는 분들께 죽을 갖고 돌리기도 했다. 죽을 잡수시는 어른들은 "이게 네 딸 응가로 키운 호박이라 이렇게 달고 맛있구나." 하시면서 "깔깔깔" 웃으셨다. 그래도 나는 죽에 옹심이를 넣지 않았다. 노란 죽에 허연 새알심을 보면 똥통에 빠졌던 딸 얼굴이 생각나기 때문이다.

지금 뷔페에 가도 호박죽이나 팥죽이 있다. 그래도 나는 옛날 생각이 나서 먹지 않으면 애들이 "엄마는 죽을 싫어하시나 봐." 하면서 저희끼리 맛있게 먹는다. 세월이 흘러 딸도 꽤 나이가 들었다. 그런데 미꾸라지를 그대로 꿀꺽 삼킨 탓인지 똥통에 빠져 걸쭉한 거름 덕인지 몰라도 이 딸이 풍요롭게 잘 산다. 그리고 엄마를 위한 답시고 죽을 사준다고 계속 전화다.

나는 "죽 안 먹는 것 알지." 하면 딸은 "엄마 고집 좀 부리지 마세요. 맛있고 몸에 좋은 것을 왜 안 먹으려고 해." 하며 계속 전화다. 어미는 죽에 뜬 허연 옹심이를 보면 딸인 제 얼굴로 생각하는 줄 모르고 있다. 하지만 나는 말을 할 수가 없다.

회암사를 가본 후기

경기도 회암사로 여행을 간다. 여행가는 날은 먼지를 재우는 먼지잼인가 실비인가 아주 작은 물방울이 허공에 둥둥 떠 있다. 산골짜기마다 운무가 물결치고 봉우리는 안개가 흰 연기처럼 날린다. 그래도 나는 신났다. 날씨는 그날 그날 늘 새로운 세상을 볼 수 있게 해준다.

회암사에 도착했다. 앞에서 바라보니 절터가 하 넓어 대단한 유적지로 끝이 아스라하다. 절터에는 여기저기 층층이 돌을 쌓은 축대가 있다. 이 절은 8개 단지로 나뉘어 있고, 단지마다 다양한 건물이 존재했었던 것 같다. 고려 말의 절의 총본산이며 조선 초의 왕실 절이다. 지공이 창건, 나옹선사가 대가람(大伽藍)으로 조성했다는 설이 있다.

조선 초 무학대사가 지주로 왕실 제사, 49재를 지냈던 곳이다. 그리고 조선 시대의 보우가 문정왕후의 힘을 얻어 불교부흥을 꿈꾸기도 했던 곳이다. 절의 유물에는 유명한 스님의 석등, 비, 부도가 있다. 그중에서도 무학대사의 부도는 장엄하다 할 정도로 크다. 부도의 기단, 탑신에는 꽃, 연화, 두꺼비. 기단 두 곳에 각각 여의주를 문 두 마리의 용이 꿈틀대고 구름 문양이 가득하다. 부도의 조각만 봐도 무학대사의 권위와 위세를 알 수 있다.

또 다른 유물도 많은데 그 중 고려청자, 조선백자, 분청사기, 청기와, 용무늬의 암막새, 봉황의 수막새, 거의 왕궁에서나 볼 수 있는 유물들이다. 문정왕후가 시켜서 만든 왕실 불교미술을 알 수 있는 '회암사, 약사여래삼존도'가 유명하다. 그리고 기와가 흘러내림을 막기 위해 내림마루에 얹혔던 용두는 퉁방울눈과 크게 벌린 입으로 우렁찬 소리를 낼 것 같다. 또 경사, 벽사의 기능이 있는 무인복을 입은 당돌한 이미지인 잡상이 강건한 기상을 보여준다.

그중에서도 아주 귀중한 유물은 '천보산회암사수조기'다. 고려 말 목은 이색은 성리학을 하면서도 불교문화를 깊이 공부하여 기록한 '목은집'은 회암사의 전각 배치와 절의 모든 정경을 자세하게 적은 기록물이다. 만평이 넘는 터에 건물이 70여 채 262칸, 어느 때는 소문에 3000명의 스님이 살았다는 절. 이 모든 정경을 그림 그려 보여주듯 한다. 현재 이 유물로 영상물을 만들어 수백 년 세월을 뛰어넘어 현대를 사는 우리에게 그 당시 왕실 불교문화를 알려준다. 이 절이 잘 보존되었으면 얼마나 좋았을까 하는 아쉬운 마음이 든다.

이 절터에는 태조 이성계가 왕위를 물려주고 난 뒤 머물렀었다. 나는 나옹선사가 지었다는 인간의 영욕, 회한의 감정이 서려 있는

'청산은 나를 보고 말없이 살라 하고/

창공은 나를 보고 티 없이 살라네/
탐욕도 벗어놓고 성냄도 벗어놓고/
바람처럼 물처럼 살다 가라네//

이 노래가 600년 세월이 넘은 쓸쓸하고도 황량한 빈터에서 들리는 듯했다. 들꽃들이 함초롬하다.

나는 감정 여운의 말미, 이 회암사가 사찰의 마지막 불꽃이라는 누군가의 글을 생각하며 발길을 돌린다.

─인터넷, 해설사 설명 참조 글

흙에서 얻은 행복

밭에는 아욱, 근대, 상추, 그리고 방울토마토 등을 심었으며 해마다 빼놓지 않는 것은 오이와 수세미다. 나는 오이가 덜 자랐을 때 맛있어 좋아했고 수세미는 설거지할 때 그릇이 상하지 않고 삶을 수도 또 버려도 공해가 없어 꼭 심는다.

요즘 날이 가물어 나는 일찍 나섰다. 밭에 다다르자 대지는 파란 싹들이 땅에 쫙 깔렸으며 산허리를 감고 있던 운무가 땅으로 내려앉았는지 서기가 서려 있음이 느껴진다. 바람이 불자 함초롬하던 파란 싹들은 일제히 일어서서 '쏴아~' 소리를 냈다.

나는 파란 싹들 사이로 가만히 손가락을 넣어보니 어린 풀들은 잇몸으로 내 손가락을 지그시 물고 있다. 나는 이 풀들이 옛날에 내가 안고 젖을 먹이던 아가들 같아 역시 푸름은 모든 것들의 모태가 되나 보다 생각했다.

밭을 들여다보니 여기저기 갈라져 있다. 이 세상 그 무엇 하나 신비스럽지 않은 것은 없지만 작은 씨앗으로 인해 우주가 태동을 느낀다는 사실이 신비스럽다. 늦게 나온 작은 떡잎, 씨의 껍질을 쓰고 있다. 나는 이 모습이 신통해 이 껍질을 내 손으로 벗겨주고 싶은데 그것이 발묘조장(拔苗助長)이 아닌가 싶어 참았다.

나는 우선 잡초를 뽑았다. 뽑고 또 뽑았다. 그리고 잡초는 뽑혀서도 흙냄새만 맡으면 다시 살 것 같아 나는 뿌리를 하늘 쪽으로 보게 했다. 그러자 별안간 내 몸에 인간본능의 잔혹함이 흐르고 있다는 것을 느껴 나 스스로 당황한다. 생명은 태어날 때 반드시 나름대로 본분이 있다고 하던데, 지금 내가 하는 행동이 죄가 될 것이다.

물뿌리개로 물을 준다. 시간이 갈수록 힘이 든다. 점점 힘이 더 들자 물 한 방울이 조금이라도 옆의 밭으로 흐를 것 같으면 화닥닥 놀란다. 나는 "아이고. 미치겠네. 아무리 힘들어도 이웃이라 일부러 물도 주고 풀을 뽑아 줄 텐데." 내 인색함이 이런 데서도 드러나는구나 하고 생각했다.

어느 밭은 주인이 심어 놓고 통 돌보지를 않아 채소밭이라고 할 수가 없다. 잡초는 이 밭 절반 이상을 차지하고 저희끼리 살을 비비며 사랑을 나눈다. 잎은 윤기 흐르고 바람에 춤을 추는 초록 잎들의 춤사위는 힘차고 경쾌했다. 그러고 보면 하늘 아래 존재하는 것 중 어느 것이 귀하고 천하고, 좋고 나쁜 것은 다 인간이 만들어 낸 기준일 것이다.

세상사를 무작위, 인공적이 아닌 자연 상태로 그대로 둔다면 아마도 이 세상은 훨씬 더 풍성하고 아름다울 것이다. 저희끼리 밝은 태양 아래 진정한 자유를 누리면서 맘껏 호흡할 수 있으면 비록 잡초일망정 꽃보다 더 예쁘게 우리 마음에 감동을 줄 것이다.

어느 정도 일을 끝내고 큰 나무 그늘에 앉아서 천천히 주위를 둘러본다. 햇살은 산 정수리부터 부챗살 퍼지듯이 쫙 퍼져 온 들판이 은빛 물결로 출렁거렸다. 더군다나 물을 주고 난 다음이라 물방울을 품고 있는 이 풀들은 그 자체가 영롱한 보석이었다. 아름다운 것이 어찌 새싹뿐일까. 주위에 있는 나뭇잎 하나하나 섬세하고 유연해 고운 옥 조각처럼 영롱하다.

나는 지금 내 얼굴에 송알송알 솟아 있는 땀방울도 저 이슬처럼 빛나지 않을까 하는 생각에 가슴에 기쁨이 넘친다. 이렇게 풍성한 자연이 내 앞에 펼쳐져 있어 이 부자된 기분, 이 행복감을 어디에 비할까. 단 20평의 땅에서 두세 시간 정도 땀을 흘린 것뿐인데.

눈을 들어 흰 구름을 보니 내 마음은 잠깐이라도 고요하고 평화로운 세계에 잠겨 무상무념의 생각이 든다. 장자의 물아일체(物我一體)란 이런 것을 말하는 것일까? 손을 펴니 온 세상이 다 내 것인데 손에 뭘 쥐려고 하니 무엇이 쥐어질까. 이렇게 작고 소소한 것에 참되고 진정한 올망졸망한 행복 주머니가 지천으로 널렸는데 난 무엇을 얻으려, 무엇을 위하여 그토록 평생을 갈망하고 허기지게 살았는지 모르겠다.

나는 한 번 더 밭을 둘러본다. 내 할 일은 다했다. 나머지는 자연의 몫, 신의 몫이다. 내버려 둬도 가지 줄기에선 가지가 열릴 것이고, 오이나 토마토 역시 마찬가지다. 나는 열매가 맺히면 신께 감사하는 마음으로 주위 분들과 나눌 것이다. 오늘은 진정 행복한 날이었다.